股票超入門 ⑬

非贏不可

◎ 恆兆文化 / 出版　　◎ 恆兆編輯部/ 撰文

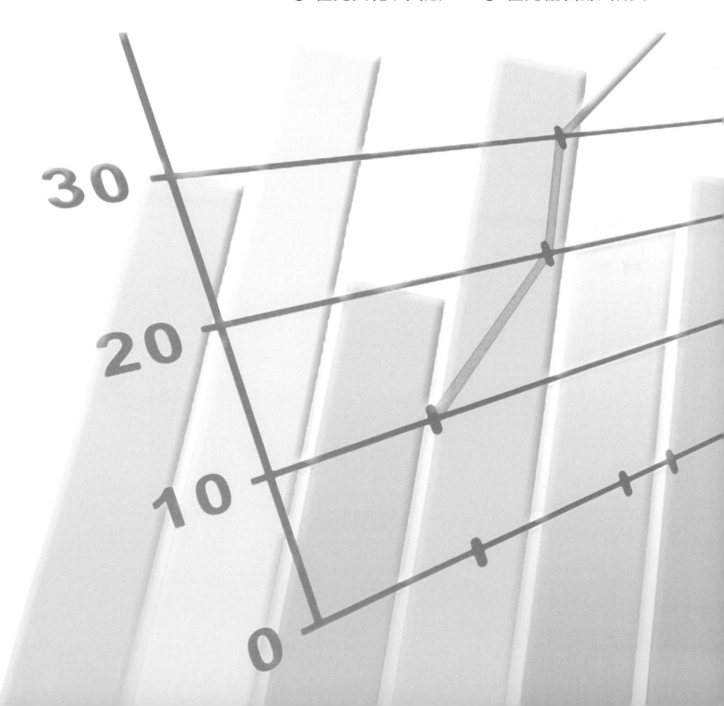

要贏，當然要向贏家看齊！

投資是件滿迷人的事，它有機會帶來可觀的財富，但如何把投資做好？卻是很難「學習」的一門課－－財經博士做交易不見得就能獲利；媒體上說得頭頭是道的名嘴，自己未必也從投資中賺進財富。所以，財經圈人們常說，這一行沒有專家，只有贏家。

這一期的「股票超入門系列」，編輯部做了一個截然不同企畫，我們採訪了六位「贏家」，請他們以第一人稱的方式現身說法，來談自己的交易故事。

在選擇受訪對象上，我們不針對短時間賺進大筆獲利「神話型」的投資人，而選擇獲利穩定、已經有一套交易邏輯與方法的「特色型」投資人。

在訪談的重點上，撰文編輯儘量邀請受訪者清楚說明自己的操作邏輯與看盤指標，雖然受訪者都願意傾囊相授，但大部份的受訪者都認為，實戰場上他們所參考的指標與研判角度，遠超過所能提供給讀者參考的內容，因此，建議讀者要能在臨場上多揣摩練習，而非死硬的套用。

本期所採訪的六位投資人都不希望曝光真實身份，為了尊重受訪者，均以筆名呈現。

編輯部

【目錄】

股票超入門系列叢書

郵局劃撥：帳號/19329140 戶名/恆兆文化有限公司

ATM匯款：銀行/合作金庫 (代碼006)/三興分行/1405-717-327091

【訂購資訊】　　　　　　　http://www.book2000.com.tw

郵局劃撥：帳號/19329140 戶名/恆兆文化有限公司

ATM匯款：銀行/合作金庫 (代碼006)/三興分行/1405-717-327091

貨到付款：請來電洽詢　TEL 02-27369882　FAX 02-27338407

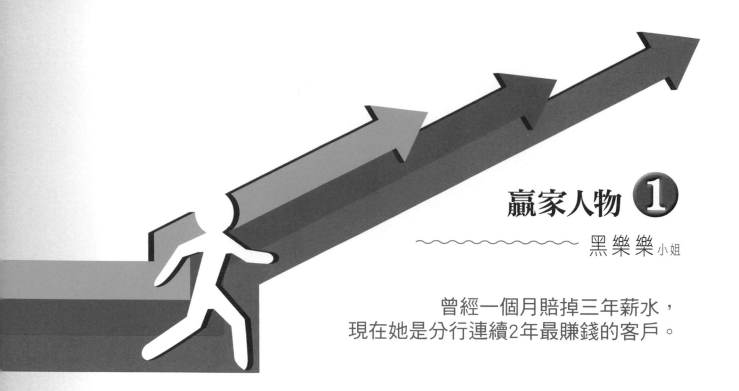

贏家人物 ①

～～～～～ 黑 樂 樂 小姐

曾經一個月賠掉三年薪水，
現在她是分行連續2年最賺錢的客戶。

黑樂樂的營業員對她的業績讚譽有加，
他說：「黑樂樂是我們分行連續2年績效最佳的客戶。」
這句話有兩層意義，一面說，她很會賺錢，
二方面，她的操作手法交易進出頻繁，
營業員績績也很好。

黑樂樂說，幸好她失敗來得很早也來得很大，
若你也曾必需跟最討厭的人下跪借錢而還能「打不死」，
可能天生就要吃這行飯吧！

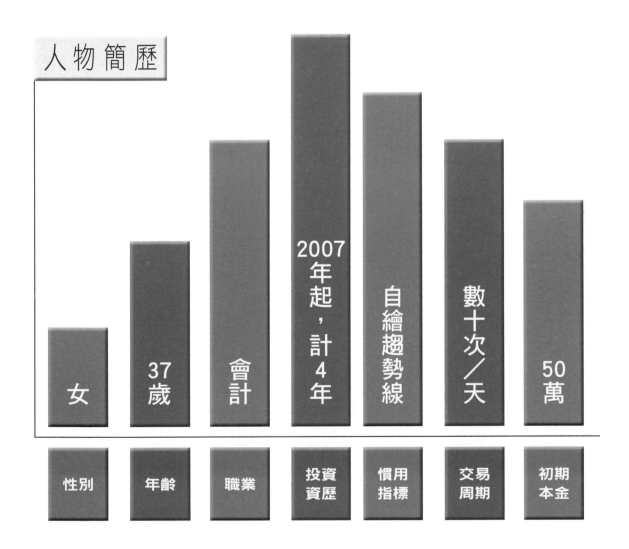

人物簡歷

性別	年齡	職業	投資資歷	慣用指標	交易周期	初期本金
女	37歲	會計	2007年起，計4年	自繪趨勢線	數十次／天	50萬

投資績效

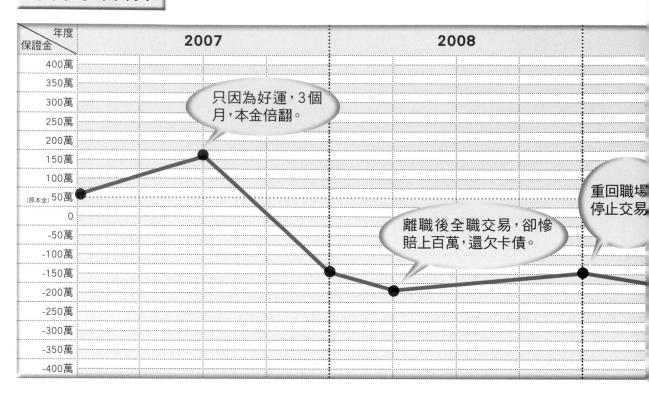

年度 保證金	2007	2008

圖中氣泡文字：
- 只因為好運，3個月，本金倍翻。
- 離職後全職交易，卻慘賠上百萬，還欠卡債。
- 重回職場 停止交易

投資經歷

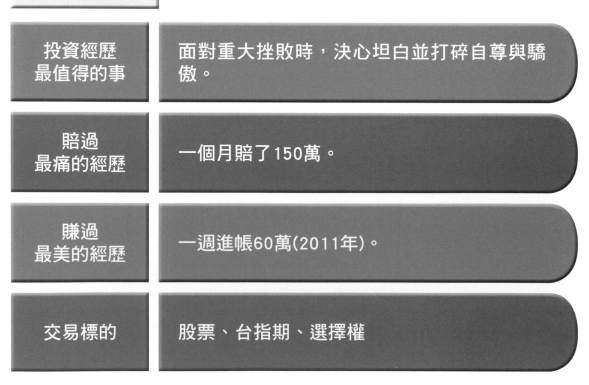

投資經歷 最值得的事	面對重大挫敗時，決心坦白並打碎自尊與驕傲。
賠過 最痛的經歷	一個月賠了150萬。
賺過 最美的經歷	一週進帳60萬(2011年)。
交易標的	股票、台指期、選擇權

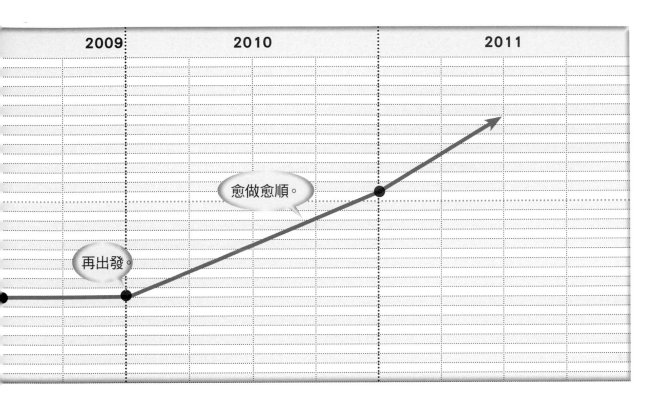

蛻變歷程

菜鳥期	期貨、基金傻傻分不清就栽進市場，一開始，她失敗得一塌糊塗，曾經一個月就賠掉了3年的薪水。
學習期	讀遍所有期貨、股票的書，幾乎把每個指標都拿來「實驗」過。最後她丟掉所學，只選「趨勢線」再配合「價格區間」操作。
提升期	一次獲利通常只有10點上下，她也做攤平交易，但限制自己最多只攤平2次。
成熟期	耐心等待時機才重倉出手，規律、自律是致勝關鍵。

▶ 菜鳥期

08年金融海嘯前基金超熱，看到室友買基金賺錢了，我也投入理財世界，簡單說，我是從基金、期貨傻傻分不清開始的！

開始投資是因為基金。那一年是2007年。

當年室友因著到銀行存錢，行員推薦她買基金，結果糊里糊塗賺到了錢，記得有一天晚上，室友拿著她的基金績效跟我討論好久，受了她的影響，我覺得我也應該開始理財。

為了研究理財，我到書店尋找相關書籍。並在那時候第一次看到「台指期」三個字，回家後我上網查，果然，台指期就像書上所寫「只要小額資金就能簡單投資」，於是我便相信世上存在著小錢就可以賺大錢的方法。

■ 投機心態,以為愈簡單愈好賺

當年因為還有工作，所以沒有太多時間深入研究，只是簡單瀏覽書籍，就決定作中長期投資。因為書上寫說，「台指期操作很簡單，可以中長線也可以短線，看到行情可能上漲，低買之後高賣就賺到錢了……」。

印象中當時讀到了類似的話，所以，我就照書上寫的，買進之後等幾天再去看，賺了錢就把它賣掉。也就因為這樣天真的想法，在幾乎一無所知的情況，我就開始交易了，而這也造成日後損失的發生。

現在想起來，我當年還真是大膽得不知道用什麼話來形容。

怎麼說呢？

當年本小姐連基金與台指期之間的差別都沒有認識得很清楚。而且，我自己還有一個特色，就是對於沒有興趣的資訊腦子會自動過濾掉。

舉個例子來說，當年室友跟我討論基金投資的好處時，我一直聽到一句話「我們這種外行的人，不要去選股，只要把錢交給專家，給人家一點管理費就能享受股票漲價的好處。」我覺得太有道理了，像我這種數學很不好的人，別去跟人家算什麼指標，應該買那種「集合在一起」的東西，這樣就不用選股了。

　　「台指期」就是我要的那種東西，一整個串在一起，只要買進、賣出，什麼都不用選，而且獲利還比基金快很多，所以就決定要從台指期著手。

　　一開始我投入的資金是50萬，當時我一面還在上班，工作壓力非常大，經常累得像條狗一樣回家，所以，買進後只有回家從網路上查看一下當天的行情。

■　因為什麼都不懂，營業員成了我的「明牌老師」

　　營業員對我很不錯，記得我是在一個中午休息的時間，抱著50萬現金到券商開戶的，他們為我安排了一位很年輕的小姐服務，那位小姐一邊開戶一邊問我投資經歷，知道我連股票都沒買過她嚇了一跳，之後又看到我拿著現金開戶更是吃驚，簡單的聊了之後，她說，因為我沒有經驗，所以，她找了一位很有經驗的營業員給我，而且還跟我說，以後有事不懂的可以問營業員，我心想，太好了！原來，投資有不懂的還可以問營業員？呵呵，我那時候才第一次知道。

　　我告訴營業員，我每天忙上班，沒有時間理財，他建議我一開始不要玩太大，從小台指開始就好了。

　　於是，我的投資就是從一口小台，５０萬保證金開始了。

　　有人說，第一次投資的人都有「好運」，我算是很典型的投資新手，所以，我的好運也比別人來得快、來得大。

　　因為保證金夠多，而且當時只買小台指，並且一出手就遇到多頭市場，也不曉得走了什麼好運，不到一個月的時間，我的帳戶從50萬變88萬。第二個月帳戶更暴增到快100萬。

　　錢，真的是膽。

以前上班的時間，我都不敢接私人電話，一走進辦公室第一個動作就是關掉手機，但隨著帳戶的錢快速增加，我才不管主管用什麼眼光看我，有時連開會都把手機帶進去，當年還沒有像現在有SMART PHONE，我是請營業員幫我傳簡訊，要進要出我再做決定。

當時公司覺得我的態度「怪怪的」，好像人一下子掉了魂似的，但現在回頭想想，一面上班一面玩期貨，當然會「掉魂」，不掉才奇怪哩！

■ 操作三個月賺進一倍，拒絕上班全心做期貨

初做期貨的前面三個月，實在是怎麼買怎麼賺，隨便買隨便賺，我很得意自己懂得「低接高賣」的技術，而且，我也很欣賞自己懂得利用下班時間去上課充電，當時我對自己滿意得不得了，心想，只要我這樣子認真的操作，不多久我就能買下自己的第一幢小房子，然後小房子換大房子，大房子再換別墅、換豪宅……。

在操作期貨三個月之後，我就把工作結束掉，當全職投資人了。

厄運，就從離職的那一天開始。

當全職投資人的那天早上，打開電腦，我很開心，機會來了，因為行情一開始就跌得深，我用了兩口台指試單買進，一開始還有一些獲利，但還沒有平倉就繼續下跌，於是我又加倉買進。

一直到收盤前，當天所有的交易都沒有平倉，行情重挫了200多點。起初我還認為價錢不可能一直跌，只不過是跌一天有什麼好擔心？而且，跌這麼重，明天鐵定上漲，心想，明天若一開盤下跌還可以再加倉。

出乎我意料之外，行情一個星期連反彈都沒有，且以超乎想像的速度不斷下跌，沒多久我就接到補繳保證金的電話了。

■ 全職出擊，第一個月卻慘賠百萬

原本想跟室友先調錢應急，但一想到之前室友曾勸我別離職，我還跟她講了一番大道理，現在說什麼也不想讓她知道我現在的窘境；想跟家人借錢，這也不可能，因為家人一樣也不同意我離職，同事、姐姐、同學……記得接到補繳電話之後的兩、三個小時，我的頭整個冷冷冰冰的，一直在想，我可以向誰借錢？

天吶，我從來就沒有過借錢的經歷，我該怎麼辦？

我該怎麼辦？

後來想到，信用卡可以預借現金，但我從沒有用過，也不曉得怎麼借。但當時沒有時間好好考慮，就趕快拿起電話打給信用卡公司。

當天，向信用卡公司臨時週轉了錢，總算把部位保留了，沒有被強制斷頭。

然而，行情跌勢並沒有稍減，第二天我又接到補繳保證金的電話了。

有句話說，人不能給魔鬼開門，只要你開過一次門，之後魔鬼就知道你家在那裡－－利用信用卡預借現金就像給魔鬼開門一樣，只要有一次很快就有第二次。……擔心行情一下子反彈，我完全不願意停損出場或改放空，死抱著多單，結果信用卡的預借現金，就從本來向一家銀行借款變兩家、變三家、變四家……。

我好懷念還在當上班族時，每天踩著高跟鞋趕捷運那高跟鞋落在捷運地板上

咚咚咚咚的急促聲，也很懷念被經理痛罵之後，一個人躲在廁所狂哭的眼淚。

離職還不到一個月，我被迫結清了期貨所有部位，戶頭只剩4萬元。還欠了信用卡公司幾十萬。

■ 承認失敗，重回職場

我無法理解為何會發生這樣的事情，只能茫然無措無心無思的過日子。

但是一直情緒低落也不是辦法，重回職場不是我的選項，於是我決定「從哪裡跌到就從哪裡站起來」！

已賠光所有存款，還欠下卡債，我得下決心先處理這一塊。因為自己學會計，對數字很敏感，我強迫自己不管如何，要先穩住財務，不讓高額的循環利率把自己推向深處，為此，我做了一個極困難的決定－－跟媽媽實話實說，並向她借錢先償還銀行卡費，只留下10萬元當成自己重新出發的本金。

這個決定對我而言相當困難，比欠銀行錢、也比被券商催繳還困難，因為我是那麼的好面子，而且，對家人「實話實說」有可能此後就變成「眾矢之的」，得忍受很久很久的責難與嘲笑。

但我告訴自己，如果過不了這一關，那麼就乖乖回職場上班慢慢還債吧！

重跌這一跤我已經知道，原來，我不應該把報酬設定得那麼不合理，應該以合理的報酬率為基礎慢慢積累，我太知道銀行是怎麼「坑殺」投資人的錢了，他們總是讓消費者以為欠10萬元，每月只繳「幾百元」利息很「便宜」，以這種甜蜜的陷阱叫投資人失去戒心。

反過來說，投資商品的設計，最忌諱投資人自己營造出「只要大賺一票，就能補回很多小損失」的迷失了。

事實上，理財這一件事，細水長流永遠是王道。這是我目前的見解。

既然要重新出發，就洗心革面，往最難的下手。

向家人坦白，取得協助解決了財務窘境後，在操盤方面，我決定先停止，並且開始研究市場與投資方法。

▶ 學習期

早期採中長期交易，但之後我改成極短線交易，利用價格區間、趨勢線與價格總在某個時間段內波動的慣性，兜出我的致勝方程式！

重 跌一大跤後才曉得，我所知道的投資知識幾乎等於零。為了充實自己在台指期領域的知識量，我認為，有必要從基礎知識開始建立。

■ 狠K50本書，徹底搞懂技術分析

那段「停止操作」的時間，我大約讀了50本以上的相關書籍，對我最有用的是技術分析方面的書。以前，我以為掌握新聞才是「投資王道」，學習技術分析是「旁門左道」，但這次的教訓真的讓我完全顛倒過來，新聞不看有時候反而好，但技術分析一要懂。

譬如說雙頂、雙底之後行情會如何變動；價格在盤整中，當突破趨勢線時行情會如何變化？另外，移動平均線、MACE、RSI等基本的技術指標買賣訊號若沒有很熟悉的話，要賺錢幾乎不可能。

雖然之後我只使用趨勢線來操作，但是對其他技術指標的了解也幫助我確立適合自己的操作方法。

換句話說，雖然我現在在實際操作上幾乎沒有用到技術指標而只用自己畫的趨勢線，但也要具備判讀技術指標的功力。

■ 壓抑住立刻回市場，把錢「搶」回來的衝動

因為把錢賠光了，雖然媽媽同意無息借給我錢償債，但她不准我再回到市

場，她要求我回到職場，所以我只能一面偷偷「練功」一面上班。

對這樣的安排，起初我很捨不得，很想回到市場裡立刻把屬於我的錢「搶」回來，但一來，是拗不過媽媽的強力干涉，二來，我想我也得為自己的魯莽與失敗付出代價，所以，那段時間，我一面充實知識，一面上班。半年後我開始進行真實操作來驗證自己所學的知識。

一開始回到市場，我的手頭只有10萬元，每次只交易1~2口的小台指。一來，是還在檢驗階段，二來，如果交易口數太多，萬一操作失敗就可能增加損失。另外我也不想再給自己太大的壓力，可以比較冷靜的操作。

用辛苦上班一塊一塊賺進來的錢認真的操作，成長比以前隨便亂做好很多。例如交易規則的重要、股價圖多數的波動與事先的想像不同等等，這都是我以前從沒有想過的，我每個月變更技術指標，並且按照書本所教的進行交易，在這期間我發現按照書上所寫的買賣訊號並不會產生很大的損失或是獲得利益。只是反復進行像不賺不賠的交易，當時我覺得有些不對勁，於是再從中檢討並找出自己的盲點，例如－－

我不知道要在哪裡做停損！

經常錯過停損的時機。

舉例來說，當移動平均線發生黃金交叉時，我沒有做處理，反而繼續持有倉位直到發生死亡交叉。

按照書上寫的操作方法進場與出場，但是卻不知道行情不如預期時該如何避開風險。於是即使賺了一些小錢，但只要一次的損失很大，就使得整體來看不賺也不賠。

■ 學習趨勢線，並捉住區間交易

我意識到，如果技術指標的訊號跟行情走勢不同而沒有停損的話，是沒辦法賺錢的，所以在這裡就開始注意關於停損線的設定。

在驗證技術指標的同時，我也學習畫趨勢線。

用比較少的資金進行真實交易。

用各種技術線來驗證。
雖然沒有有用的技術，
可是了解到價格波動的特徵跟自己操作的缺點。

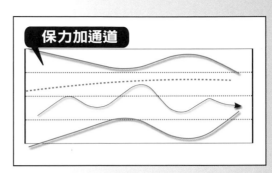

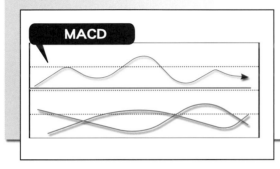

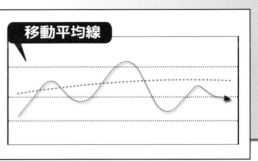

檢討項目 脫離「初學者」我所做的事之二 ─────────┤

畫出各種趨勢線，找出有用的趨勢線。

並且逐漸可以區分出有用的趨勢線跟沒有用的趨勢線。

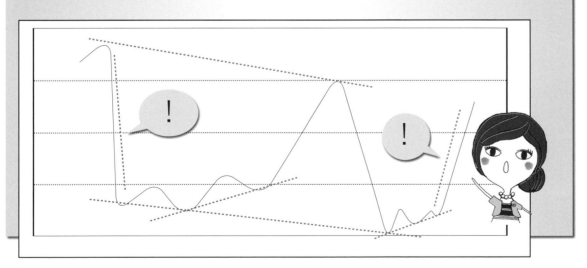

雖然誰都可以畫趨勢線，但是要畫出有用的趨勢線是很困難的。

我一開始也是按照書上寫的方法畫趨勢線，可是我無法區分有用的趨勢線跟沒有用的趨勢線。不過我沒有放棄，持續不斷的畫線，並且自己邊想邊研究哪一條才是有用的趨勢線。

漸漸的我開始了解趨勢線所代表的壓力與支撐作用。還有我也了解到將兩條趨勢線重疊並把整數關卡(如7500點、8000點、8100點……)加進去，利用三種加強的方式，作用會更強。

最後，我決定只使用趨勢線，而將一直以來所用的技術指標拿掉。

這樣持續驗證，我發現只要避開波動最大的初開盤和收盤前的時段，市場很容易形成價格區間。而且用我的方法很容易捉住行情，勝率也高。

■ 只鎖定區間交易並配合行情波動的快速與否

配合交易時間帶的價格波動性來操作，可能我跟其他投資者並沒有不同。很多投資人首先會決定操作方法，然後找出配合自己方法的價格波動時間帶來操作。用可預測的方式找出適合的價格波動。

當然，對專業投資人來說也許很簡單，但是如果是業餘投資人，只能利用有限的時間帶進行操作，其中還要配合操作方法找出買賣訊號，操作的機會就更少了。

但是，如果可以在自己的操作時間帶內，運用有效的方法進行操作，就可以期待安全且最大的獲利表現。

事實上，我以市場區間價格為目標進行交易感覺好極了。從研究書本與自己的實戰交易中，我發現在緩慢變化的區間市場分時走勢圖的趨勢線比較有效，反而行情變化很快時趨勢線經常會被突破而失準。

根據這種特徵，只要是在價格變化和緩的時間帶內，從1分鐘(或5分鐘)找到波動區間，就觀察分時走勢圖，且趁分時走勢波動劇烈時作短線交易，若分時走勢的波動和緩時，那麼就暫停操作只作觀察。

因此，我幾乎不碰一般交易者很喜歡操作的開盤後1小時的時段。這一點跟我早期只做開盤後、收盤前截然不同。

使用分時走勢圖看行情，因為有時候無法顯示技術指標，所以之後完全就只使用趨勢線來操作。

就短線交易來說，不管用什麼方法都很難一下子就獲得很大的利益，如果太貪心，反而會造成很大的損失。所以我限制自己每1次交易的利益，而將目標訂在1天要賺20點。

我也交了幾位台指期操作的朋友，並且從中學習到一些知識。早先我曾參加某個贏家俱樂部的比賽，有點意外，我的排名名次很前面，這也更讓我有信心繼續從事投資。

透過參與這樣的競賽活動及相關部落格，我增加了志同道合的朋友。我們互相交流操作心得及對市場的觀察，也增加自己對於知識的了解。即使在交易中，我也會用SKYPE與朋友對話，這也是讓我持續操作的原因。

▶ 提升期

> 我最信賴的方法是自行畫趨勢線，並採區間交易。搭配我的
> 攤平交易，每次交易的獲利點數小，卻可以有安全、穩定的
> 績效！

現 在我仍然瞄準區間價位作短線操作，這個方法就是在價格波動相對穩
定的時間段(約10：00～12：30)，只用Ｋ線及自己畫的趨勢線來操
作。

這種方法首先要找出價格波動比較平和且有規律的區間(見範例圖一)，目標
是在獲得小額的利潤。另一面，當趨勢線被突破就要立刻停損。交易的目標是要
在數十秒～數十分鐘內獲取10點～20點，所以使用的Ｋ線是1分鐘Ｋ線與5分鐘Ｋ
線。

畫出趨勢線找出區間價位，是要在短的時間帶裡面以高低價為基準來畫線(見
範例圖二)。

要找出區間價位有兩種方式，第一種是畫許多趨勢線，找出支撐線與壓力線
平行的部分(見範例圖三)。

另一種是先拉出一條趨勢較明顯的趨勢線，以這一條線為基準，利用看盤軟
體畫平行線的功能畫出另一條平行線。

所謂區間價位，很容易被想成沒有上升、下降只是橫向推移。但是我所使用
的區間交易，即使是上升中或下降中的也都合於條件，也就是只要行情在一個固
定的幅度間波動變化，就算是處在價格間區。

找到價格區間之後，首先要確定價格變動的幅度有多少，價差如果有20～30
點以上的話就是操作的機會。買的時機是Ｋ線接近支撐線的時候，賣的時機是Ｋ線
接近壓力線的時候(見範例圖四)。

這邊要注意的是，以買進為例，進場時機應該是價格反彈之前且在市場好的

時候進場，不是價格反彈之後市場變差才進場。確認價格在範圍內反彈之後，在市場好的時候進場，並且在行情移動快速時馬上就到達支撐線時進場。如果進場錯過時機，能得到的利益就可能更微薄。

看壞行情而放空時，情況剛好顛倒－－

也就是行情處於空頭市場時，進場時機應該是價格回檔之前，在行情快速移動幾乎要達到壓力線時進場。

還有，在價格波動區間很狹窄的時候，可賺進的錢可能連手續都不夠，要注意最後結果是否會變成虧損買賣。所以區間波動太小也宜出手。

找到價格區間後，接著就看分時走勢圖，如果波動快速，就在市場變差時進場。如果波動緩慢的話就再看狀況。因為分時走勢如果緩慢的波動，行情直接就穿透價格區間的情況很多。

一般出手後，看情況價差有10點到20點的話就出場。

持有倉位的時間最長數十分鐘，短的時候只有幾秒。

出手後若長時間價格沒有照自己的預期波動，就暫時出場然後再重新開始。

範例圖一　鎖定價格區間做交易

先找出操作時間帶的價格變化特徵。

仔細觀察，
看一天中那個時間段價格區間比較明顯，
就以那個時間段為標的操作極短線。

昨天

今天

如果價格多是範圍區間的話，就以此為目標操作。

範例圖二　區間價格操作

找出操作時間帶價格變化的特徵。

以自己畫的趨勢線為基準，
找出價格區間，
配合價格波動的速度來作買賣。

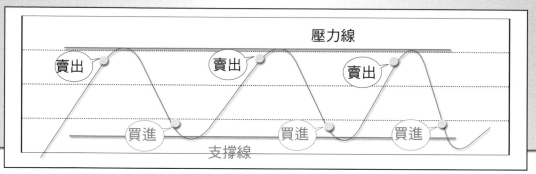

範例圖三　趨勢線的畫法

畫出許多趨勢線找出價格範圍。

畫出1根趨勢線，找出與那條線平行的
線，可以看出價格區間帶。

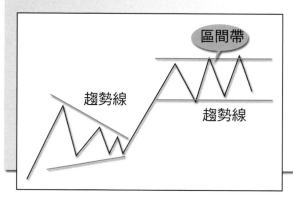
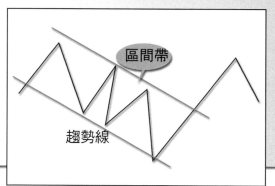

範例圖四　進場的時間點分解圖

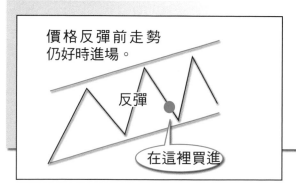
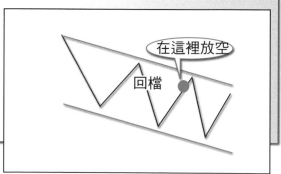

執行關鍵 進場時機（賣出訊號）————————————————

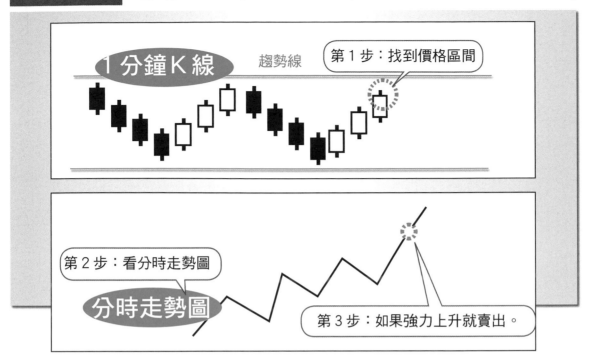

執行關鍵 進場時機（賣出訊號）————————————————

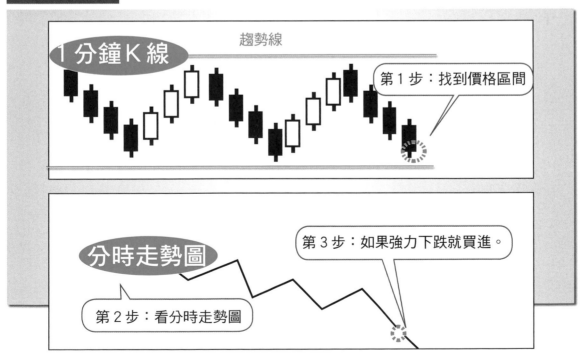

■ 有計畫的攤平交易

許多書上都說千別不可進行攤平，若是沒有規則、恐慌性的攤平當然要嚴格禁止，但若攤平是計畫的、規則內的攤平卻是好的策略。我所採用的方法，沒有攤平交易是無法完成的。

以下，我將進行說明－－

前面說明進場時機應該在支撐線或壓力線之前，但是每次出手不可能百發百中，如果要增加利益的話就需要攤平。

攤平的時機有兩個，一個是進場點與支撐線或壓力線的中間點；另一個是接近支撐線或壓力線的點。

我認為盡可能在接近支撐線或壓力線的地方進場比較好，但是價格經常在壓力線或支撐線之前就折返。所以必須在壓力線或支撐線前進場，然後等到接近壓力線或支撐線時就可以出場。只是要注意避免誤判市場狀況，萬一所畫的趨勢線已經不準了，那麼就要立刻停損。

執行關鍵 我採停損時機

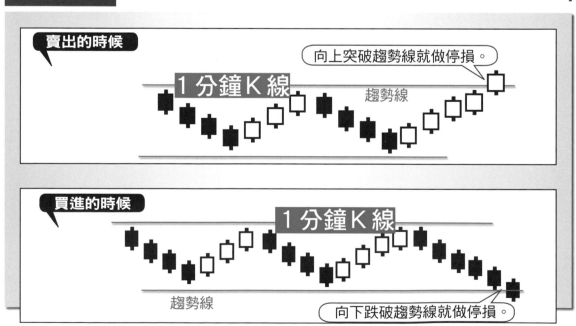

執行關鍵 我採取攤平交易的時機（**買進**的時候）

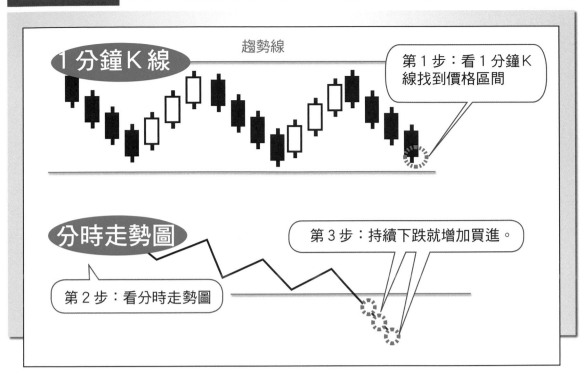

執行關鍵 我採取攤平交易的時機（**賣出**的時候）

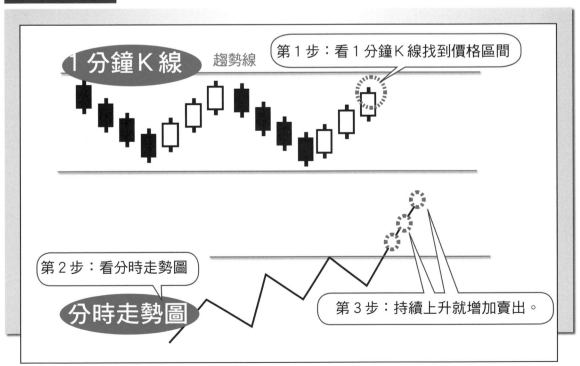

■ 介紹我的，兩個操作實例

接下來我用兩客實際的例子分享我的交易方法。

實戰例一是2012年元月16日台指期的1分鐘K線圖，在12點22分，可以看出行情是在7102～7082之間有一個價格區間帶，波動範圍有20點，雖然不是很強的波動，但把目標放在8點～10點的獲利是可以的。

　　實例例一的第2張圖是同時間的分時走勢圖，在圖上可以很清楚的看出，12點22分行情突然一陣急漲且將靠近壓力線之後行情有變弱的趨勢，所以，可以在靠近壓力線7102之下2點，也就是在7100點放空，獲利目標是整個價格區間波動的一半，以本例來講，波動的範圍是20點，所以，目標獲利出場點是7090。

8分鐘之後，行情跌到7090點，立刻獲利出場。

實戰例二跟實戰例一是同一天的行情，當天台指期在走出橫向盤整之後，走勢有向上揚的趨勢，從1分鐘線圖來看，在中午過後，行情在一個向上揚的固定區間，大約固定有19點的波動，在看出行情的區間波動之後接近下午一點鐘，我的計畫是不管行情向上或向下，都採區間操作。

13點06分，價格急速的向上漲，飛快的速度一口氣就靠近所畫出來的趨勢的壓力點7112，我在7110點放空，原以為行情立刻就會被壓力線壓下來，但行情直接衝破壓力，我的原則是可以允許自己加碼攤平兩次，第一次加碼攤平在7115的位置，幸好行情到了7116就往下走，12分鐘後，在13點18分來到當初所設的獲利滿足點7102，快速的平倉獲利出場。

我的這一種方法速度通常很快，做錯了立刻出場絕不戀棧。因為這在短的時間行情何時向那個方向暴衝都不意外。

同時間的分時走勢圖

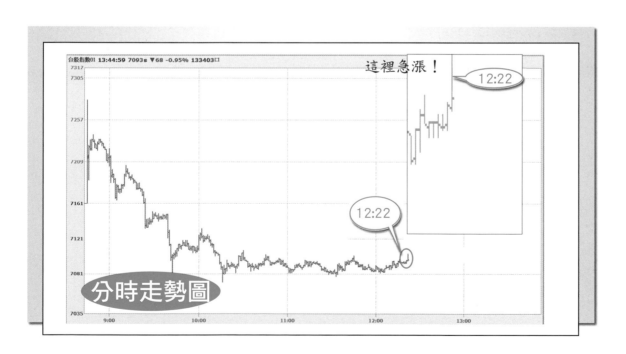

······8分鐘過後······

同時間的分時走勢圖

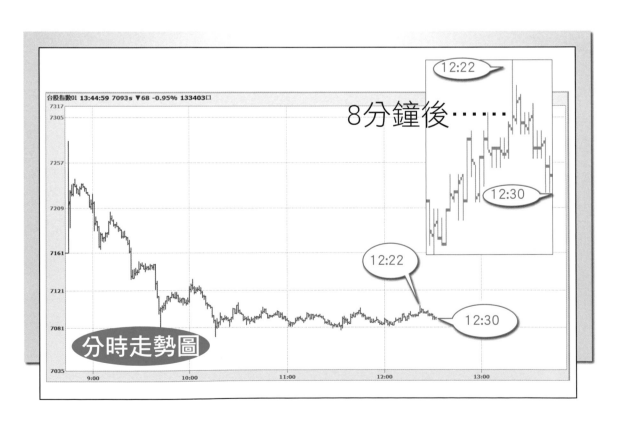

實戰例二 我所採用的攤平交易 (台指期2012.01.16)

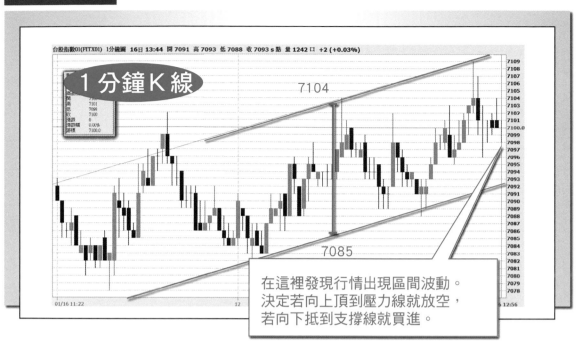

在這裡發現行情出現區間波動。
決定若向上頂到壓力線就放空，
若向下抵到支撐線就買進。

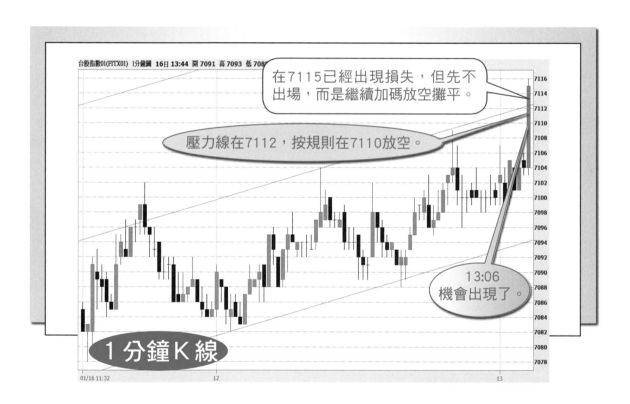

在7115已經出現損失，但先不
出場，而是繼續加碼放空攤平。

壓力線在7112，按規則在7110放空。

13:06
機會出現了。

請看下頁的分時走勢圖……

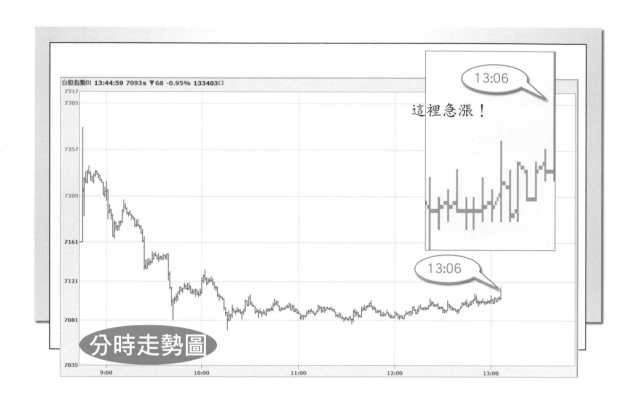

12分鐘過後……

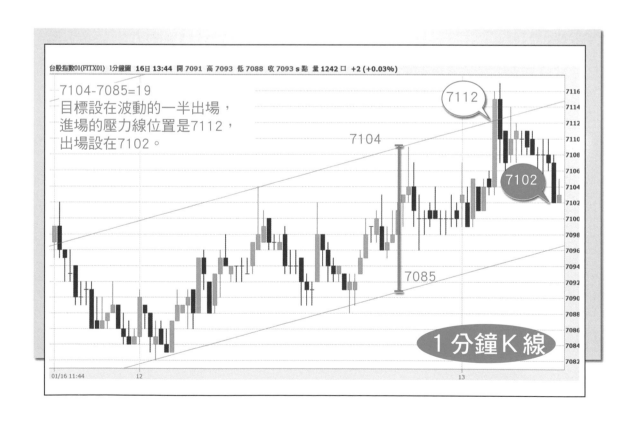

▶ 成熟期

> 期貨淘金不是夢，但它比任何一種職業更難發財，要圓夢，首先觀念必需正確，另外，熬煉來時得能承受得住！

我 初接觸期貨，期望值是一下子就賺很多。但是，經由不斷學習我發現要用台指期一下就賺很多錢，畢竟只有少數人才能辦到。而且那些人也不會永遠都一直贏。早期因為觀念不正確，而出現很大的損失，我太過於追求利益而忽略停損的重要，導致未實現損失不斷擴大。現在，我則認為，與其追求一下子賺大錢不如穩健的從小錢開始累積。

實際上，用我的方法來操作，每次操作的利益並不多。因為我考慮的是穩健的從小錢開始累積，漸漸就會變成比較大的獲利。每天我給自己的獲利目標是20點。如果很貪心每天想要以100點、200點為目標的話，操作時就可能會焦慮，甚至錯過停利的最佳時機。我並不想否定其他人的方式。事實上，我也有一部份的資金是運用在長期布局的方法。只是希望大家可以多觀摩別人的方法，借此找出適合自己的操作方法。

等待進場時機也很重要。

實戰心得 歷經失敗後我的兩個徹底覺悟 ————

徹底覺悟1

要等待進場時機

當價格波動
不適用自己的方法時，
就不要勉強進場，
要持續觀察。

wait!
wait!

徹底覺悟2

勿做快速發財夢

期貨賭博性質很強，
躁進者遲早會導致很大的失敗。

如果不是很好的操作機會，一進場可能就會造成損失。短線交易進場次數頻繁，常常使人在不知不覺中就陷入只注意行情而忽略其他日常事務的情緒中。所以即使是短線操作，也要注意依照自己設定，等待訊號出現才操作。總之，等待也是很重要的。

接下來，就是要遵守自己設定交易守則－－

我的交易守則就是不做3次以上的攤平交易，另外，當價格區間被突破之後要馬上做停損。

看我這樣子說，好像我一定很規律的操作一樣，事實上我的功力還不算很老練，自己也常常沒有守交易守則，但是每次檢討輸的結果往往是失敗在這裡。以初學者跟經常輸的投資者來說，不遵守交易守則是常有的事。所以如果可以像我這樣，時時檢討也許就會產生不同的操作結果。

實戰心得 我的兩個交易守則

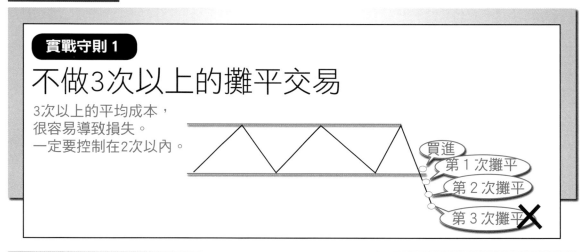

實戰守則 1

不做3次以上的攤平交易

3次以上的平均成本，
很容易導致損失。
一定要控制在2次以內。

買進
第1次攤平
第2次攤平
第3次攤平 ✕

實戰守則 2

價格範圍被突破就停損

價格範圍被突破就表示操作失敗。
不要勉強追求利益，
一定要趕快停損。

買進
停損！

以我自己的操作經歷給初學者建議，下列四點是我覺得很重要的－－

1.即使要練習也要用真實交易模式。

用模擬交易模式因為不是用真正的錢做投資，所以不會認真操作，我個人覺得有點浪費時間。真實交易的好處在於透過真正的操作，找出自己在操作上的弱點。當然，如果有人認為用模擬交易同樣達到跟真實交易一樣的效果那就沒問題了。重點是即使是練習或驗證指標都要認真的操作。

2.操作中，不要放著不管。

嚴禁在交易過程中將交易單放著不管。即使因為這樣而獲得利益也不能算是贏了。一定要好好分析市場，有贏的信心時才去操作，並且結果跟設定的一致才有意義。因為偶而贏一兩次，並不能保證持續贏。還有，如果經常贏之後認為偶而輸一些也沒關係，將帳面損失放著不管，很可能會將之前賺的都賠回去，一定要注意。

3.不要人家說甚麼，就全盤接受。

不要因為其他人表示自己在台指期市場是常勝軍，就全盤接受他說的話。

投資人很容易全盤接受書上或是部落格寫的方法。但是我認為這樣也可能會是失敗的原因之一。因為會贏，很多人是歷經許多失敗並以其為基礎而找出合用的操作方法。期貨的節奏快而短並不是那種隨便模仿操作就能賺錢的投資。重要的是必須自己實際驗證而不是只是模仿別人的方法。

4.仔細研究圖表，找出價格變動的特徵。

雖然很難用言語說明，但是只要經常去看一定可以看出一些特徵，進而瞭解到價格波動的原因。但是這不是一天兩天就可以做到，必須堅持、持續了解。如果不努力是沒辦法在台指期投資中獲勝的。

我的建議 1

別人説的不要全盤接受

即使其他人有贏的經驗，
也要針對他的建議仔細做驗證確認，
才會成為有意義的建議。

a x %
@ ！！

: k > >
@ @ ＊ ／ ─
8 " "

我的建議 2

仔細看股價圖

從中了解價格波動的特徵，
找出適合自己的技術指標。

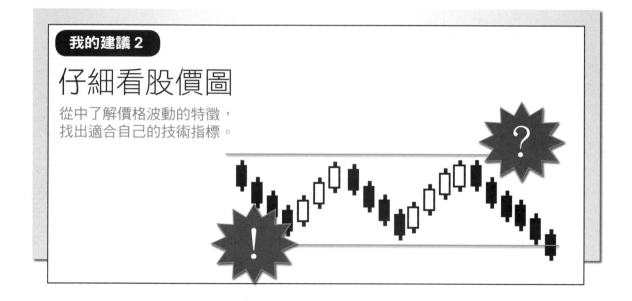

恆兆文化有限公司 · PCHOME 商店街

網址：http://www.pcstore.com.tw/book2000/

歡迎上網訂購

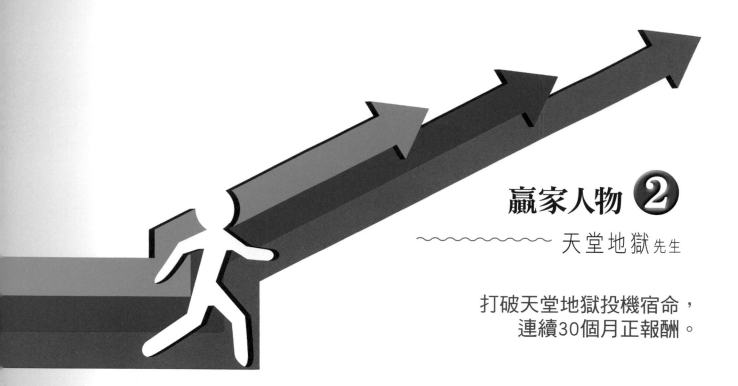

贏家人物 ②

天堂地獄 先生

打破天堂地獄投機宿命，
連續30個月正報酬。

受了張松允20萬到10億的故事吸引，

他抱著「只要賺1億就好」的美夢來到市場，

最初的6年不穩定的成績，

讓生活陷入今日天堂明日地獄的投機者宿命、

被市場一次一次的愚弄，

但靠著一次一次的修正交易方式與思維方式，

從2009年至受訪時2011年底，

交易已經連續30個月正報酬。

他說，期貨教給他的，

乃是認/識/自/己。

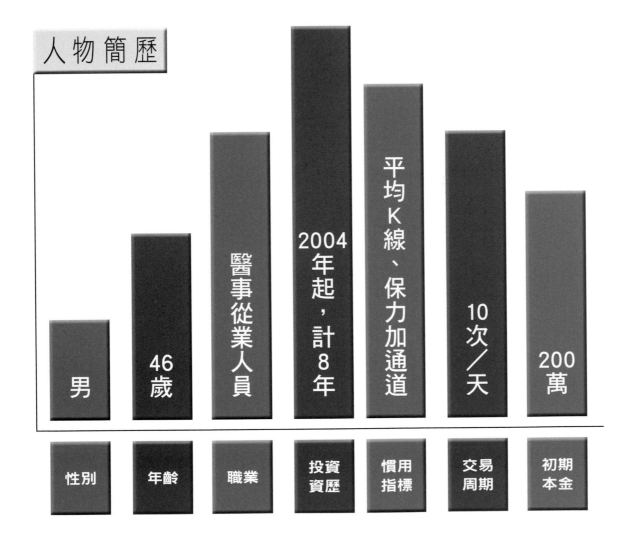

人物簡歷

性別	年齡	職業	投資資歷	慣用指標	交易周期	初期本金
男	46歲	醫事從業人員	2004年起，計8年	平均K線、保力加通道	10次／天	200萬

投資績效

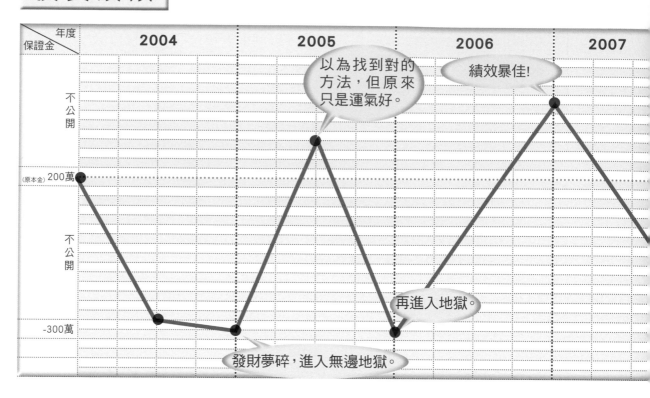

投資經歷

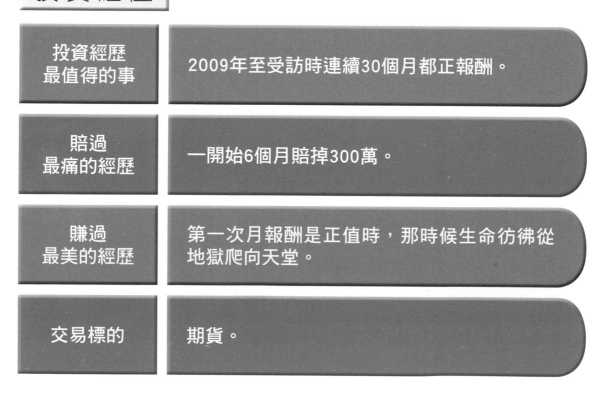

投資經歷 最值得的事	2009年至受訪時連續30個月都正報酬。
賠過 最痛的經歷	一開始6個月賠掉300萬。
賺過 最美的經歷	第一次月報酬是正值時,那時候生命彷彿從地獄爬向天堂。
交易標的	期貨。

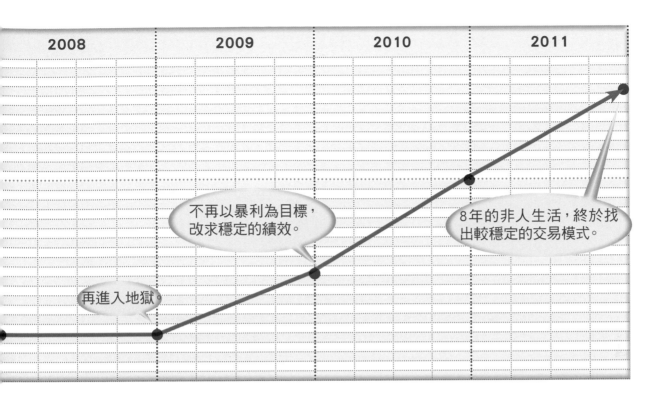

蜕 變 歷 程

菜鳥期	懷抱著200萬變1億的夢想進入期貨市場,一出師6個月賠掉所有本金,外加幾乎一輩子都還不完的負債。
學習期	原來,期貨的世界裡沒有「意外」這個字。風險控管成為學習的主題,也因為讀了兩本好書,成為精神力提升的大幫手。
提升期	保力加通道與平均K線是他最信賴的指標。順勢操作,做單乾脆、利落、大膽是他特有的風格。
成熟期	日線、5分線、1分線;支撐、壓力、區間操作。其實,他的操作手法不複雜,功力在於永遠把「減少損失」當前題。

▶ 菜鳥期

看張松允20萬到10億的故事，心想：我有200萬只求賺1億應
該OK，有段時間甚至幻想，目標應提到3億或5億，因為我自
認比他聰明！

第一次知道「期貨」是因為時報所出版「張松允20萬到10億的故事」。
在此之前我跟一般業餘投資人一樣，有閒錢時買點股票，當初連技術
分析的書都沒有看過，投資風格屬於很菜籃族式的就是看電視在講那一檔股票
好，就買那一檔。

■ 期貨發財夢，200萬賺5億可能太小氣了

張松允那本書的標題實在非常吸引我，當然，我一開始是覺得「那有可
能？」但後來好多名人都在新聞台上講，而且書又是大出版社出的，我想，應該
很有可能是真的吧，所以，心底即使覺得不是很妥當，可是，人嘛，總想輕鬆賺
錢，人家20萬能賺10億，那我有200萬，我只要賺1億，應該不離譜吧。

我進期貨這行一開始就抱著這種美夢，一點也不過份，我真的就是那樣子的
想法－－用我的200萬，要賺1億。

我看過恆兆出版社其他期的「贏家專訪」，每一位幾乎開頭都會講，「以前
很天真」之類的話，雖然很老套，可是他們現在來採訪我，我卻要說我應該是他
們採訪裡面最最天真的。人類真的很怪，明明都40好幾的人了，為什麼在面對金
錢一事，還是那麼天真的不得了。我有多天真呢？

開始做期貨，我成天就計算著－－我銀行的200萬要變成1億，會不會太小
氣？我是不是應該要讓它變2億、3億比較合理……，可見得，早期我對期貨的認
識粗淺得離譜。

開始做期貨時所知道的知識，就只知道期貨跟股票一樣，它的價格會變動，而且它比股票更簡單，只要簡單按按鈕就可以做買賣。當時，我的營業員簡單的教我一些下單的知識，還有如何算手續費、差價之後，我就回家自己交易了。

記得當年我曾在書店買了幾本有關期貨的書回家，可是寫的不是極粗淺的常識，就是完全用不上的理論，東翻西翻沒有一本看得下去，當然也沒有看完，因為完全沒有學習交易方法，也不知道買賣的標準在哪裡，只是按照某本書上寫的「高價賣，低價買」。

高價賣，低價買。很合理不是嗎？但要多高價才算高？多低價才算低？我完全不知道，結果就是幾乎都靠感覺來操作。

■ 「賠錢」我把罪歸咎於意外，但投資的世界每件事都是意外

當時唯一可稱為有用的方法就是懂得用5分線圖的陽線跟陰線來判斷買賣的點。不過，現在回想起來，當時都做一些沒有意義的事。例如，每當帳面利益達到3萬元我就會結清出場，但是對於停損我卻完全沒概念，所以，當年我的操作很簡單，也就是賺了就跑，賠了的話就一直抱單不放，直到賺錢為止。

失敗檢討 以前操作期貨失敗的2個原因

這是錯的觀念！

以為可以簡單的賺錢！

想用很短的時間簡單的賺錢，
為了增加手上的錢，
冒然的開始做期貨。

這是錯的觀念！

認為期貨就是一種賭博！

期貨像賭博一樣，
沒有學習交易方法，
只用感覺判斷價格高低。

當然，這樣交易的結果就是帳面損失越來越多，最後被強制斷頭，投入的所有錢都沒了。還有一次，我因故離開電腦前，結果等我回到電腦前，我的帳戶已經被強制斷頭了。

當時，我真的嚇了不小的一跳，可是，我把它歸因於當時一個很難預料的「意外」，我傻傻的認為是那個「意外事件」「害」我賠掉所有錢的，因此，我又追加了幾十萬元重新開始交易。

保證金被秒殺的事件發生後，我並沒有檢討自己，反而歸咎大環境的客觀因素，所以我的交易方法完全沒改變，為此，我的帳面損失又再增加。

就算是這樣，我還是樂觀的認為總有一天會賺回所輸掉的錢。

失敗檢討 初入門時錯誤的想法與做法

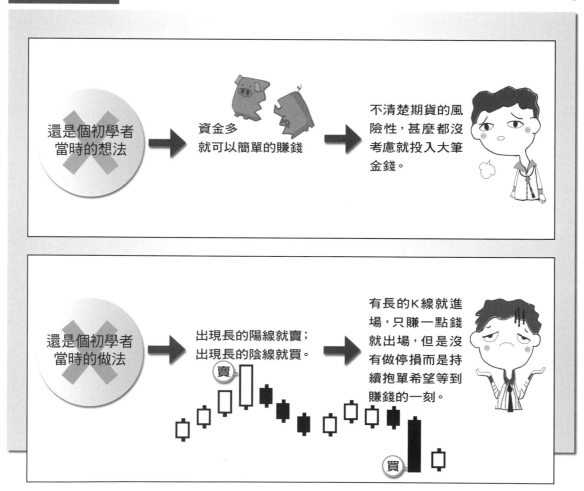

但是，自我感覺良好並沒有辦法掩蓋現金一再一再被輸掉的真實情況，實際上，我一直不斷的在惡性循環裡－－被強制斷頭我就投入新的資金、被強制斷頭我又投入新的資金……最後本金200多萬元悉數泡湯。

　　那時，唯一慶幸的事是我沒有動用生活資金，只是用手頭的餘錢來操作。從一方面說，我實在是個很阿Q的樂觀主義者，凡事都往好處想，即使當時已經輸得一乾二淨。

　　我是為了錢才做期貨，但我卻失去了大部分金錢。如果要繼續的話，就要徹底的學習，不能半途而廢。

　　在我輸光帳戶裡的錢後，有一天，也不知為什麼事，突然間有種很清楚的認知，知道我必需做出選擇，一個是永遠離開市場，另一種選擇是決心認真的開始研究如何在期貨市場中獲勝。

▶ 學習期

精神力，是期貨決勝的關鍵。不要懷疑，有些人天生並不適合做期貨，因為要能在那個殘酷市場中得勝，經常需要逆著人性！

歷 經了一段「很不爽」的輸錢經歷之後，我開始好奇：

我這麼聰明的人會輸到這種田地，請問一下，贏的人是怎麼做的呢？

我很不服氣！

極度的不服氣。

所以，積極的學做期貨後的第一件事就是想辦法了解其他投資人是怎麼做期貨的。

天性上我是個驕傲的人，連營業員都不屑問，最好的方法就是從網路上「偷偷」學。

我那時候用的方法是用搜尋引擎抽絲剝繭的充實期貨的基本功，比方說，我先打關鍵字「期貨獲利」找出相關主題，跳過廣告與太誇張的說法（那時候我已經有一點經驗，不會被那些誇大的獲利數字騙了），例如，從期貨搜尋到「移動平均線」，就再搜尋「移動平均線」的詳細內容，等這個關鍵字學得差不多了，就再學「MACD期貨的應用」……如此土法煉鋼一步一步的學習。

為什麼不買書？或上課呢？

早期還沒有像恆兆文化或聚財網這種比較專業的股票、期貨實戰的書，所以投資書都很「難看」，還不如自己用網路找比較合乎自己需要，但現在就幸福多了，只要肯學、肯用心，買書自己練習真的可以讓功力一夕大增。

至於去上課，這個我向來不考慮，因為我在股票市場上看到那麼多的「老師」，我是極度討厭的。或許這是個人的偏執，但我真的完全不考慮上課。

以我個人而言，我覺得要應用在期貨上，當天的壓力線、支撐線、保力加通

道(Bollinger Band，也稱為布林通道）、市場觀察跟精神力這幾點都很重要。

■ 作手、幽靈的禮物，二書提升我交易的精神力

上面所說幾個技術面的東西，只要有心就可以找得到資料，所以，當年我幾乎天天都有一疊厚厚的網路列印資料在手上研讀。

不過，講到最重要的「精神力」，當時可供參考的資料非常少。後來，有一次我上網搜尋時，看到許多期貨投資人都一致推薦兩本書－－「作手：獨自來去天堂與地獄」與「幽靈的禮物」，才知道竟然有人出版談期貨「精神力」的書，我好興奮，記得那天天氣好冷，又將近晚上10點，書店大概都關了，但我等不及一定要買到這兩本書，冒著冷冽的寒風，趁書店打烊前一刻鐘買下那兩本書。

讀了之後，我實在是太愛它們了，至今好幾年了，許多談技術面的書老早都不知被我丟到那裡去了，但那兩本書至今都還擺在我的床頭，雖然內容都很熟，但當天若操作得很好，我會把它們拿來再翻一翻；若當天操作得很不順利，我也會把它們再拿來翻一翻。那種感覺我也說不上來，雖然我現在受訪跟這兩本書的發行商是同一家公司，但我也不避諱要再推薦一次，因為若你是期貨的愛好者，看了那兩本應該也會說，很超值很好看。

那兩本談「精神力」的書好在那裡呢？

既然它是「精神力」就無法用數字來衡量，我只能說，看過之後你才會了解「停損」有多麼重要，而且其中很多描述的情節，跟我自己操作的心路歷程有很多不謀而合之處。

而我則是在讀了那兩本書之後，操作才開始變得有「思想」。

早期在擺脫初學者不學技術的缺點之後，我的操作進步很快，但說到底那是一個沒有「思想」的機械性行為，滿腦子只有錢、錢、錢，一上場就是死板板的想要獲利只在數字上打轉，但若操作期貨的層面僅止於此，那是不容易有什麼可喜進步的。

投資人當技術到了一個程度之後，必需要用另一種眼光看待期貨。

　　那段操練精神力的期間，所設定的目標先不考慮賺不賺錢，而是要先磨練自己的交易技巧，所以，我不看最後獲得金額多少，而要看獲得多少點。

　　因為只看金額的話，如果不用一定的交易口數，從總金額來看就不知道交易方法的有效性。舉例來說，用較少的口數即使損失增加，只要1次用較大的口數來輸贏，如果偶然獲得的利益超過損失，從總金額來看資金是增加的就以為贏了。可是像這樣偶然贏1次的交易，即使有賺錢，也沒辦法判斷交易方式是不是有效。也就是說，用金額來看結果是沒辦法看出交易方式本身的有效性的。

　　另一方面，重視「點」的話，就跟交易口數沒關係，這樣即使金額是正的，但是點是負的就可以判斷交易方法的有效性不高。

擺脫菜鳥 脫離初學者操作我所做的2個改變

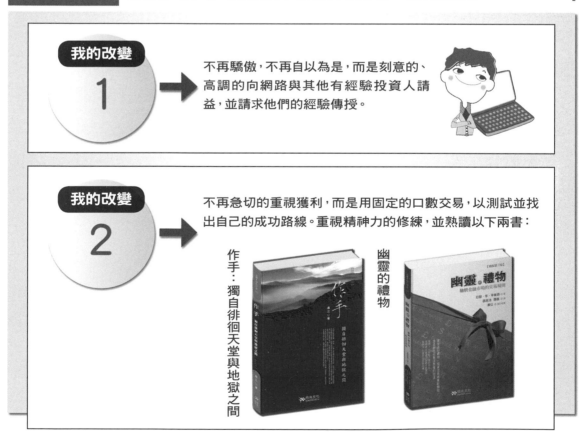

我的改變 1 → 不再驕傲，不再自以為是，而是刻意的、高調的向網路與其他有經驗投資人請益，並請求他們的經驗傳授。

我的改變 2 → 不再急切的重視獲利，而是用固定的口數交易，以測試並找出自己的成功路線。重視精神力的修練，並熟讀以下兩書：

作手：獨自徘徊天堂與地獄之間

幽靈的禮物

在「幽靈的禮物」一書中，作者所提出的期貨心得對我的交易模式有很大的影響。特別是「任何交易都會輸」這件事。

在讀那本書之前我從沒有想過，原來「10次交易裡面有5次會輸是很正常的」。

以前我的想法是做投資就是要贏、要賺錢「不可能會輸」，所以對帳面損失的處理就是一直放著不管，希望有一天會賺錢。但思維方式一變，行為方式就變了，當你知道你一定會輸時，那麼，就要用停損來縮小虧損。

現在想想，這是個很簡單的道理，是很好理解的，重點在於它不合人性，因為人性是很不願意接受「虧損」。但是很抱歉，在這個市場愈久，就愈能體會「幽靈的禮物」一書中所描述的，為什麼期貨交易是一場與「輸」的競賽。

有很多在期貨虧損的人，都是像菜鳥期的我一樣沒做停損，讓帳面損失不斷增加。我的建議是只要投資人好好的做停損，通常都會開始賺錢。

還有，就是不管贏或輸，很重要的是必須決定上限。

假設，勝率5成停損是20點，獲利是30點計算下來是賺錢的。

從這角度來看，要在期貨上獲利不難，它有一個可供獲利的合理比值，只是人們因為「人性的弱點」總會放大貪婪。但就效率來說，比起勉強追求很大的獲利，將獲利限制在某個程度並增加交易的次數是比較有效率的。

■ 大量的看股價圖，徹底搞懂支撐與壓力

我並不算是職業投資人，除了期貨以外也有其他的工作，但是我的工作環境是隨時都可以上網看行情的。所以，只要是醒著的時候我幾乎都在看股價圖，目的就在於發現價格變動的特徵。

從一位無知的投資人進階到有獲利能力的投資人，我最大的進步在於壓力線與支撐線的活用法。

以前我是完全不知道壓力線與支撐線有什麼作用？要怎麼判讀的？但透過每天大量的看股價圖，我終於懂得如何畫出支撐線跟壓力線也知道它們的使用秘

訣，現在，我可以很自然的使用看盤軟體，並在上面畫出因應我操作需求的支撐線與壓力線。

此外，很重要的一項技術指標是保力加通道。

雖然在實際交易的時候，最後我只看保力加通道而沒有用其他技術指標，可是因為曾經確實對不同的指標做過研究，所以很清楚其他技術指標對我而言作用不大，也才能斷然捨棄其他技術指標。

我覺得所有的學習跟研究都不會白費，即使從結果來看其他的指標對我意義不大（例如，大家常用的均線，我是不看的），但是，對於一位學習者而言，不能人云亦云，總得先有學習、研究與實驗，至終才能找到屬於自己合用的方式。

每個人交易都有缺點，也有優點，這些年來，我歸納出以下五個很重要的規則，我把這五個重點寫成大大的標語就放在我自己的交易室內（其實，只是我住家的一個房間，當作工作室），每天一進交易室就能看到標語並在操作時也能提醒自己（見附圖）。

擺脫菜鳥 自我檢討後給自己的5個原則

設定5條交易守則，並絕對遵守。

1 感覺可以獲利的時候就積極的去操作。

2 要離開電腦前先想好最大的風險並做好處置。

3 不在最高點買，最低點賣。

4 走勢相反時也要冷靜，好像沒問題的時候可以同時用買、賣單（但若沒信心時就停損）。

5 上下波動幅度不大而感到迷惘時，儘可能不進場。如果手上有單時，就出場。

■ 畫出「期貨的勝利之路」路徑圖

若依自己設定的交易守則交易卻仍不能獲利的話，應該就是守則出了問題，請投資人一定要回頭去找出來，然後克服它，並設定新的交易守則。

若說我在期貨操作上有什麼值得驕傲與過人之處，那就是我是個尋找勝利之道的人，在一段時間的操作之後，我總會不斷的檢討並畫出我的「勝利之路」－－這就像我的目標是成為將軍，那麼，我在沒有成為將軍之前就得先是上校，那麼我如何成為上校呢？……如此一步一步的往回推，在往回推的過程中，我一定會發現，在這一條「勝利之路」有雜訊、有困難，但也有優勢，若困難的部份我過不去，是不是應該放大優勢把困難撇一邊比較好？還是努力的把困難挪去比較好？依推類推，我就可以找出正確的「勝利之路」。

在期貨這一行中，有許多人是自己什麼也不想，只是將別人的建議照單全收，完全不明白別人建議的合不合於自己，這樣子很不容易成功。

我再重覆的做個強化的範例說明－－能成為將軍的人很多，但每個人的學經歷背景都不同，所以他們所規畫的「將軍之路」也會不同，例如，一位海外拿到博士學位的軍職人員與一位頻頻拿到國軍獎章的帶兵營長，他們所畫出的「將軍之路」路徑一定不同。

做期貨也是一樣，我不否認期貨交易有機會賺大錢的案例，但每個人的個性、財力條件不同，所規畫的「勝利之路」也會不同。

▶ 提升期

> 我特別重視找到壓力與支撐，看準了就放膽進場，做單的特色是乾脆，獲利在10至20點就出場，做錯了超過10點也快速離場！

在 看盤實務上，我使用的方法是K線、保力加通道跟平均K線（編按：「平均K線」與「K線」不同，恆兆文化出版社將於日後出版有關平均K線的專書）。

■ 技術指標，信賴保力加通道

1分鐘線跟5分鐘線我採用平均K線，而不是一般的K線。平均K線跟一般的K線相較，在上升走勢中容易出現連續陽線，下降趨勢中容易出現連續陰線。也就是說，在期貨當沖交易中，使用平均K線比較能夠了解趨勢的開始跟結束。但平均K線一般的看盤軟體比較少見，只有專業的軟體有提供，我則是自己寫程式。

除了1分鐘線以外，所有的時間線我都在上面加用保力加通道。期間我通常設「25」、標準差是「1」跟「2」。

保力加通道是許多期貨投資人都熟悉的技術指標，簡單說明它的原理－－保力加通道以移動平均線為中心，上下各有2條線，總共由5條線組成。上面的線依照接近移動平均線的順序，分別是+1σ、+2σ，同樣在下方有-1σ、-2σ。

價格會在從+1σ到-1σ線內的比率是68.3%，在+2σ到-2σ線內的比率是95.5%。從特徵來看，+1σ、+2σ可做為壓力線，-1σ、-2σ可做為支撐線被使用。

這方法雖然是以獲取最大利益為目標，但重要的是限定某程度的確實獲利。

我建議初學者的獲利標準設定在10～20點。等熟悉交易方式之後再追求較大的獲利。

■ 看盤順序我的四個步驟

1. 以日線跟1小時線的保力加通道為基礎，確認行情的支撐線跟壓力線。

2. 用5分線的保力加通道確認壓力線、支撐線跟趨勢。

3. 看1分線用5分線的壓力、支撐的值以反彈或跌破（突破）為目標順勢進場。

4. 在10～20點進行獲利出場。

　　我的操作重點就是確認每一個時間線的壓力線與支撐線。

　　其中5分線的壓力線跟支撐線是進場的基準，特別的重要。

　　若壓力、支撐不明確或趨勢不明確，我將判斷目前不適用於我的交易方法，而暫時做觀察不交易。

擺脫菜鳥 我自己的操作手法特徵

歸納自己操作特質，共有三點。

1　以壓力線跟支撐線的反彈與跌破為目標順勢操作。

2　指標用保力加通道。停損在10點，獲利目標是10~20點。

3　也會在跌破支撐線或壓力線之後，利用價格區間來獲利。

　　首先，一開始先用日線跟1小時線確認壓力線跟支撐線。

　　找出±2σ、±1σ及K線的位置關係。

　　例如，日線的K線在+2σ被壓回的話，就可以判斷+2σ有壓力線的功能。先用日線或1小時線來確認壓力線跟支撐線之後，先記住那個價位是有可能讓行情

反轉的價位。

接著，看5分線上的保力加通道，做法跟日線、1小時線一樣，配合±2σ、±1σ，如果在平均Ｋ線上反彈的話，可以判斷具有壓力線、支撐線的功能(見範例圖一)。

完成以上步驟之後就看趨勢。

看平均Ｋ線的走向，如果陽線、陰線不規則的出現表示趨勢不明顯先觀望看看；如果陰線或陽線連續出現，有明顯的趨勢就準備進場。

進場時機以5分線圖的壓力線、支撐線被突破、跌破或反彈為目標——

當壓力線被突破或是行情在支撐線反彈的時候就買進；賣出的時機就是行情在壓力線附近被壓回或支撐線被跌破的時候(見範例圖二)。

■ 進場時注意的還有四點：

第一點：進場是以5分線的保力加通道為基準，但是進場的瞬間要看1分線來決定。也就是說確認了5分線圖的壓力線、支撐線的值之後，同時確認1分線圖，當那個值被突破／跌破、反彈的時候才進場。這是因為用1分線圖可以看出較細微的變動，可以確認是跌破還是反彈的關係(見範例圖三)。

第二點：要看5分線圖跟1分線圖價格波動的感覺。5分線的壓力線、支撐線很快的被跌破或在那裡反彈的話就很有可能持續往相同方向變動。相反的如果波動很緩慢的時候，價格變動就可能不大，所以還需要再觀察。

第三點：要確認日線跟1小時線的壓力線或支撐線的位置。前面說到，我的交易是以10~20點為目標，如果從5分鐘線上看到由日線、1小時線的重要關鍵價，就要稍微看一下狀況，等到突破日線跟1小時線的關鍵價之後再進場，或是先評估關鍵價距離進場獲利目標在20點以上。

第四點：如果有進場機會就順勢進場。突破或跌破的時候，完全穿過壓力線或支撐線，確定了Ｋ線位置之後進場。反彈的時候，也是一樣。

範例圖一 找支撐線、壓力線的方法

注意保力加通道的線，
判斷反彈的線是壓力線還是支撐線。

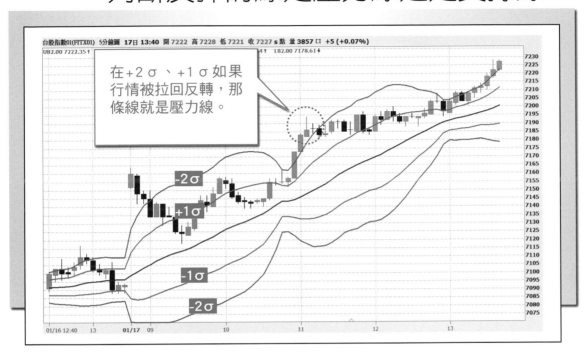

在+2σ、+1σ如果
行情被拉回反轉，那
條線就是壓力線。

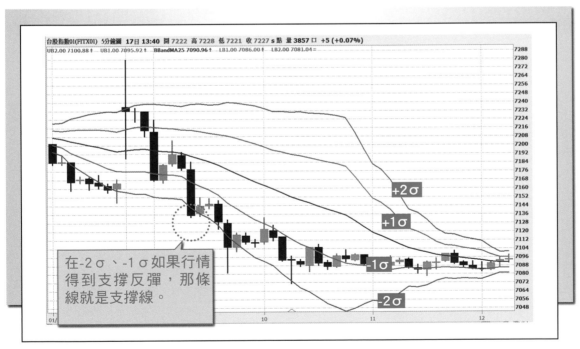

在-2σ、-1σ如果行情
得到支撐反彈，那條
線就是支撐線。

以下是基本功，需相當熟練。

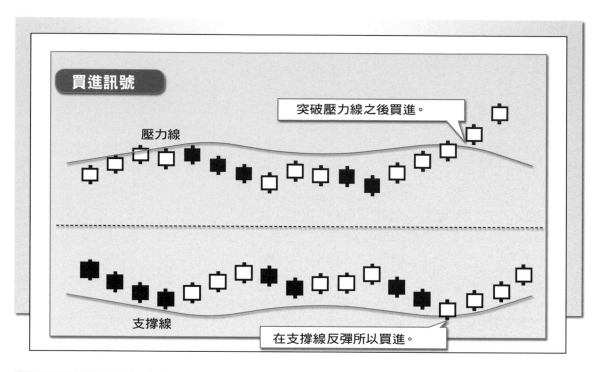

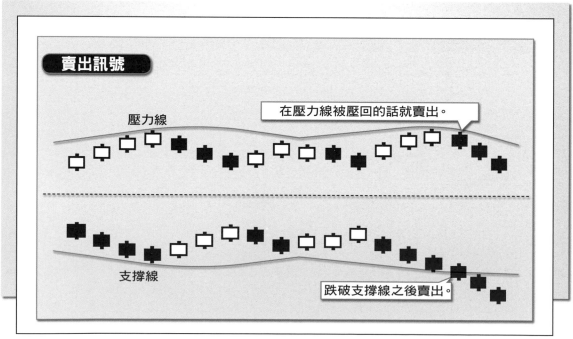

■ 關於停損，我的2個標準：

第1個是進場之後如果損失達到10點就停損，這是我設定的停損價。

另一點是當5分鐘線平均Ｋ線反轉之後就進行停損。也就是說買進進場時，當5分鐘平均Ｋ線出現陰線之後也要停損。如果放空的話在陽線出現之後也要停損。這是因為平均Ｋ線在上升(下降)中出現陰線(陽線)時，表示價格波動的趨勢變了，很有可能往那個方向突破前進。但是某個程度的上升(下降)時，也應該獲利了結。時機就像前面說的是在10～20點的位置。

當市場起伏不定的時候，我也會進行交易。重點是保力加通道的壓力線、支撐線被跌破之後對5分線圖做追價。

舉例來說，支撐線跌破之後反彈，以反彈的價位為基準「做為支撐點」畫出線。反彈之後，上升趨勢的價格變動如果再被壓回的話就將被壓回的價格做為壓力點畫線(見範例圖四)。

這樣就完成一個價格區間。

畫線的時候要注意確認是不是完全反彈。即使支撐線被跌破之後反彈上升，但沒有很大的向上波動又馬上開始下降的話就不能視為反彈。

相反的情況也一樣。

重點是只有反彈之後，趨勢真正改變時才能判斷是真正的反彈。突破之後，不一定會成為一個價格區間，如果價格變動不大就先觀察看看，確認有沒有形成價格區間或是用保力加通道來看趨勢走向。

當形成價格區間時，保力加通道所形成的壓力線跟支撐線就沒有作用了，請忽略不考慮。確認好範圍內上下的動態之後就準備進場。進場的時機在壓力線反壓的時候賣出，在支撐線反彈的時候就買進。

同樣也是看1分線圖順勢進場。區間操作的時候只要突破這個區間就馬上做停損結束區間交易(見範例圖五)。

範例圖三 突破時與反彈的進場時機

看1分線圖後進場。

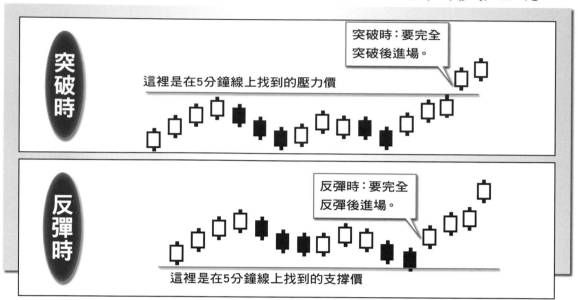

突破時

突破時：要完全突破後進場。

這裡是在5分鐘線上找到的壓力價

反彈時

反彈時：要完全反彈後進場。

這裡是在5分鐘線上找到的支撐價

範例圖四 找出價格區間的方法

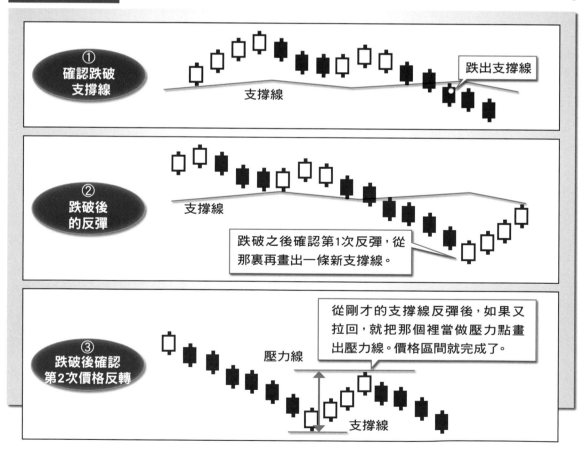

① 確認跌破支撐線

支撐線

跌出支撐線

② 跌破後的反彈

支撐線

跌破之後確認第1次反彈，從那裏再畫出一條新支撐線。

③ 跌破後確認第2次價格反轉

從剛才的支撐線反彈後，如果又拉回，就把那個裡當做壓力點畫出壓力線。價格區間就完成了。

壓力線

支撐線

範例圖五 價格區間交易

價格範圍遲早會被突破，
所以最後的一次一定要做停損。

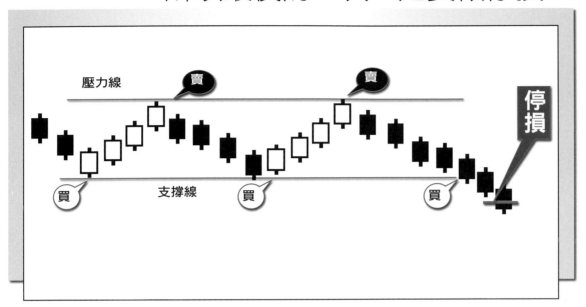

▶ 成熟期

比起爭取利潤，我更專注在損失小一事上，而訓練自己提高
準度的方法無它，就是大量的看股價圖！

————般人會建議損小利大的交易方法，這就像訓誡人要禮義廉恥四維八德
一樣是絕對正確的理念，不過，我通常不會用這種思維來操作，而把
全付的心力放在如何縮小損失而非注意「利大」。

■ 一個黃金小偷的故事，你的眼中也只有黃金嗎？

實際上，我在操作時只會考慮著如何讓損失減少，如此結算之後利潤就自然
會出來，為什麼呢？這是因為如果太過於追求大利潤就很容易失敗。我記得「幽
靈的禮物」一書中提到一句話：期貨是一種「輸」的遊戲，專注在如何善輸，就
是這一場遊戲的致勝之道。在「作手－－獨自徘徊在天堂與地獄之間」一書中，
作者則舉了個生動的例子，故事是這樣的：有一個人成天想著只要擁有黃金就發
財，他一直想一直想一直想，有一天，他走到金飾店，毫不猶豫的就把人家店裡
展示的黃金給拿走了。後來警察問他，你怎麼拿了不該屬於你的東西？結果那人
回答，我認為那金子是我的……。沒有玩過期貨的讀者對那個故事可能沒有什麼
感覺，但對曾經在期貨中失敗過且努力過的人，就會知道那個故事講的是什麼樣
的心路歷程。我也曾經認為我帳戶裡的錢應該有上億，不然也應該有幾千萬，這
樣子才合理，我每天都這樣認為，每天都這樣子想，想久了就會開始疑神疑鬼，
是誰把我帳戶裡的錢偷走了呢？我該有那些錢的啊！看出我的問題在那裡了嗎？

我成天只想著贏贏贏、獲利獲利獲利，我不肯面對現實，結果現實跟我愈來
愈遠。如果沒有看清期貨這種高槓桿交易的本質是一種「輸」的遊戲，還一直停
留在以為它是「贏」的遊戲，那麼，我就是那位心裡只想著黃金，最後落得偷走

黃金的人。

　　精神力的修煉不是一天兩天能成就的，但我至少是找到一個「方向」，只要不往死裡走，情況就完全逆轉了。

　　例如當價格的波動，用自己的方法好像有發揮的地方，應該可以期待獲得大的利益，但如果心裡有一點不確定，我就不會進場。

　　這裡說的不確定，在持續操作一段時間之後就可以大概感覺到。這種感覺沒有任何根據，但是如果覺得不對勁還繼續交易的話就經常會失敗。

　　接下來談冷靜操作的重要性。

■ 停損的精神力，是可以被訓練的

　　當發生大損失，情緒受到影響時就絕對不要再繼續交易了。情緒不穩定時做交易，很容易發生失誤，另外，還會做出一些平常可能不會做的事情。例如沒有任何根據就大量交易。造成情緒不穩定的原因，如果是因為工作很趕，那麼就好好把工作完成，再做交易。當發生很大的損失時就外出轉換心情，等把所有可能失敗的因素排除之後，冷靜的進場才可以控制損失。另外，我的原則是只要連續失敗2次就要先出場觀望。

獲利原則 損失縮小列為交易第一要務

按交易方法進場卻連續2次都失敗，可以判斷行情走向不適用自己的操作方式，還有連續失敗對於情緒也會有影響。

　　在不會贏的情況下持續交易，最後也只會讓損失增加而已，所以必須要注意在這種時候就先讓自己完全離開可以下單的環境，比方說，身上什麼都不帶，到住家附近的號子看行情，一邊看一邊用腦子模擬交易，如果模擬不出來，可能當天的價位跟自己的方法不能配合，就暫時先觀望，如果可以在腦子模擬出的走勢，有可能剛才連輸兩次是因為對行情不夠冷靜，這時就可以再回到電腦前下單。

　　正因沒有所謂絕對會贏的投資法，所以減少可能會輸的交易也是很重要的。

　　期貨交易，停損是最重要的技術。

　　我從書本與經驗中學到能做好停損就可以做好期貨。在期貨中失敗的人很多都沒做好停損。我在一開始也是因為完全沒做停損才損失了好幾百萬。

　　不只是做停損，還要把它做好，這樣在期貨市場獲勝就很容易了。為此，首先必須具備無論甚麼狀況都一定能做停損的精神力。

獲利原則 我的一條交易鐵規則 ─────────────

連續2次輸的話，就先暫停交易。

連續2次失敗時，
可能當時的價格跟自己的交易方式不能配合，
先進行模擬等到可能會贏為止才進場。

2次↑

■ 大量且持續研究股價圖，以培養敏銳的市場直覺

　　要在期貨中勝利的捷徑就是反覆的實際交易，要磨練交易技術的話，用網路模擬交易也可以。期貨雖然不是賭博，卻也是用金錢來決定勝負的，模擬交易會有沒辦法感受真實交易的缺點，所以，為了練習，最好還是選擇實際交易為佳，但也沒必要一下就拿出大錢來決勝負，就算是 2 萬元也好，重點是要拿出錢來。然後就要考慮如何得到正報酬。在第1個月裡面，就算只有賺1點也可以，目標先讓交易變成正數。完成之後再慢慢的增加想達成的目標。我建議在達到自己設定的獲利點之後再投入較大的金額交易比較好。

　　我自己到現在也還沒有能完全掌握市場，即使這樣，我還是可以分辨當Ｋ線變長、變短跟平常不一樣時行情的微小變化。透過這樣的觀察，我就知道大概甚麼時候可以進場、甚麼時候不可以進場。

　　了解市場是必需靠著每天持續觀察股價圖才培養出來的。如果沒有徹底的努力就很難學會，但是如果可以了解，以後應該就可以輕鬆的交易。

　　最後，要相信自己的方法，不要已經使用了一種方法，但又覺得很沒有把握，如果猶豫不決卻又想出手，最後就會失去原本應得的獲利。

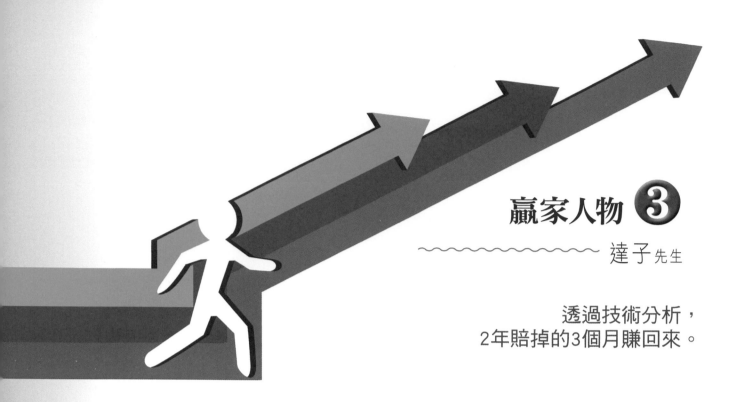

贏家人物 ③

達子先生

透過技術分析，
2年賠掉的3個月賺回來。

達子曾經有一份人人稱羨的國際貿易工作，
2007年的裁員他中箭落馬，
自此開始了他的期貨生涯。

達子最想給新手的話是：
上班族千萬不要玩期貨，
若玩期貨，
一定要記住不/要/破/產！

再者，若一定要做期貨，
不要自恃自己是什麼財金專家，
請好好學技/術/分/析！

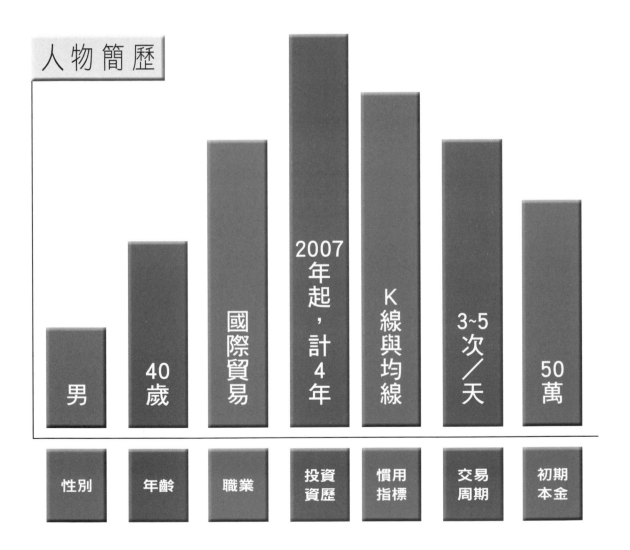

人物簡歷

性別	年齡	職業	投資資歷	慣用指標	交易周期	初期本金
男	40歲	國際貿易	2007年起，計4年	K線與均線	3~5次／天	50萬

投資績效

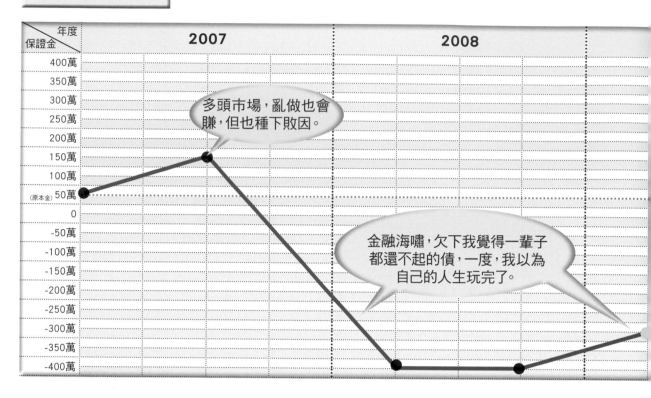

投資經歷

投資經歷 最值得的事	花1年時間從0學習。
賠過 最痛的經歷	一星期賠了400萬(其中300萬是以前賺來的,100萬是借來的)。
賺過 最美的經歷	連續10個交易日,每天都賺進同樣金額的錢(這表示我的交易十分規律)。
交易標的	期貨為主,股票為輔。

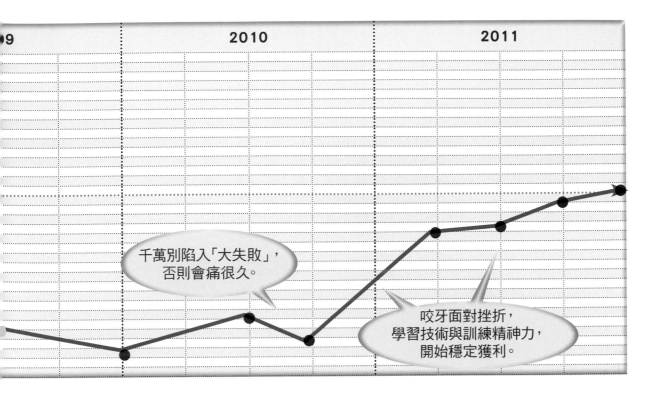

蛻變歷程

菜鳥期	初入門剛好是多頭市場的尾巴，大好氣氛下一片榮景，三個月50萬變150萬！
學習期	金融海嘯一星期慘賠400萬，我從雲端摔回地面，學習是「被迫」的，但也因著學習，才知道，原來我真的很欠「教訓」。
提升期	學各式分析行情的方法，最後最古典的K線、均線與最素樸的支撐、壓力方法最合於我用。當然，還有停損與停利的EQ。
成熟期	我的致勝公式是勝率只有三成，配套停損不停利。如此，讓我每個月至少正報酬，熟悉這套方法收益很穩定。

▶ 菜鳥期

新手的好運，初入門三個月本金翻一倍。但之後的重擊，日子猶如看不見邊際的冰雪覆蓋，面對負債，我在想我的人生是不是玩完了！

在我還是個上班族的時候，只要有點儲蓄就喜歡買股票，不過，當時從不知道原來買股票還有「書」可以讀，以往我就是個標準的散戶，只是看看電視，聽電視的名嘴說什麼股票好就買一點。

後來為什麼會轉變成做期貨呢？

最主要是原先的工作結束了，一時也找不到比較滿意的行當，所以，就想試試如果一整天都做期貨或股票會如何呢？若可以有穩定的獲利，把交易事業當成職業也無不可。

我計算了一下，因為我的資金不多，為了有效運用資金，比起股票來投入期貨操作是比較合於我的需求，所以，我就很保守的只拿存款裡的5萬元當本金開始投資。

可能是新手的好運吧，5萬元的本金一開始幾乎每天都可以賺2、3千元，為了多賺錢，就把本金增加到50萬元希望能夠賺更多。

■ 初生之犢，一天賺6%

50萬，是我工作幾年下來的所有儲蓄，為了「放手一搏」當初還是把定存解約來做期貨的。

雖然很早就聽人家說期貨是高風險、高報酬的行當，但真的實際操作時並沒有考慮到風險性，或者說，一開始的時候我操作得很順手，有點信心滿滿，知道有風險，可是認為「問題不大」。

當時參考的指標是5分鐘K線，但是並沒有仔細做分析，只是單純從畫面上看到的高低價作交易。比起1小時線跟日線，當初我認為5分鐘線可以看得比較細，同時又不會像1分鐘線那樣波動劇烈。

以5分鐘線操作，我覺得一開始效果都很好，只要趁低價時買進，等到高檔覺得有賺的時候就賣出，萬一一開始的走勢不如預期，只要忍耐一下行情就會再漲回來，當時，我還一度懷疑，為什麼有人會那麼笨，做期貨做到傾家蕩產。

的確，一開始做期貨時曾經很瞧不起那些在期貨市場裡「輸錢」的人，我覺得那一定是他們EQ很不好，亂做才會賠。

另外，我在早期還有一個自認為很好用的「武器」，那就是利用即時新聞看消息，若行情剛好處在一個相對的低點，突然一個利多消息進來，期貨很可能就會突然大拉好幾十點，有一次，我就那樣在不到十分鐘內賺了10幾萬。

事實上，我的期貨事業在最初的三個月賺進了將近本金的兩倍，也就是本來50萬元的保證金，最高記錄保證金變成將近150萬。

失敗檢討 以前操作期貨失敗的2個原因

這是錯的觀念！

沒有考慮風險就用多口數操作

期貨原本就是高風險、
高回收的投資商品，
但未多做考慮就進行交易

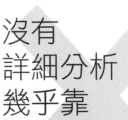

這是錯的觀念！

沒有詳細分析幾乎靠感覺操作

不知道分析的方法，
只參考短期間的高低價，
幾乎都靠感覺去操作

但2008年次貸風暴讓我的錢包括本金卻在一夕之間全部賠光。

就我早期的操作經驗，當行情下跌時，只要「忍耐」一下，不要急躁的停損，行情是會再度上漲的，可是，原本以為下跌後應該馬上上漲的市場報價，次貸風暴後卻再也沒有漲回來。

失敗檢討 初入門時錯誤的想法與做法

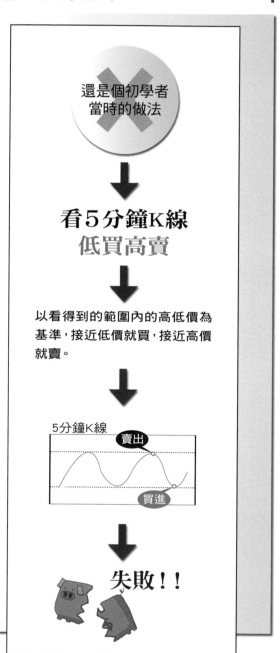

■ 遇到大空頭市場，一夕之間負債累累

在那段等待行情「回來」的時間，一開始我堅信，只要像以前一樣，行情等一下就會漲回來，因此沒有做停損，所以帳面損失不斷擴大，此時又遇到行情出乎意料無止境的下跌，不出多久，部位就被強制斷頭了。當時，即使一百多萬被強制斷頭我仍相信行情沒有道理繼續下跌，於是又投入數十萬資金持續買進。但是不管買進幾次都馬上又再下跌，然後又被強制斷頭，也因此，幾天內就賠光了我所能動用的每一塊錢。在那一次經驗中，我才第一次感覺到期貨操作的危險性。

帳戶屢屢遭到斷頭並且已經動用了我可以使用的每一塊錢，那時我整個人在精神上、身體上都受到重重的打擊，不得不暫時退出期貨市場。

▶ 學習期

被迫離開市場，從冰封的人生逐漸回溫，我才驚覺，原來我如此的荒唐！於是給自己一年時間，從 0 開始。

在主客觀條件都讓我不得不退出期貨市場後，經過一段時間，我又重新回到市場。離開市場又重回市場的那段心路歷程就不多說了，只能說，我在那個時候很清楚知道一件事，就是做期貨的第一課，應該學習「怎麼樣不破產」。而就技術面與操作面來看，我分析之前失敗的原因，是因為沒有對市場走勢做分析，同時，若只依照新聞或指標交易，那無異於賭博式的操作，遲早－－只是時間快慢的不同，但總會走向破產的。

■ 期貨第一課：如何不破產

在有這一層體悟，我決定要好好研究市場且有根據的操作。也從那時候起，我才開始認真的學習關於股票、期貨的相關知識。第一步就是確實的分析圖表並且把學習方向放在從股價圖中找到規律性及規則。雖然我的重心放在股價圖上，但我不再囫圇吞棗的只是聽電視、看報紙吸收那些片片段段的資訊，我開始狠下心來，把有關股票的所有知識努力的由書本上認真的學習，心態上我實在覺得過去的我太輕浮了，以為只要聽聽新聞、看看股價圖就能賺進大把鈔票，事實上，光要搞懂一條財經新聞的背後意義，就得深下功夫，絕不是片面上那麼簡單的，而早期被我「矇」到的行情，那不過就是剛好碰巧而已。

同時我也開始參考網路、部落格，了解其他的操作手法，並發現許多人使用移動平均線，透過移動平均線可以很容易發現買賣的訊號。於是我開始想要嘗試這樣的方法。另外，我也用虛擬帳戶試著增加自己的功力，但是，也許我這個人的個性使然吧，我發現沒有真實的自己的錢在裡面，容易流於隨便操作，因此，

也許對別人來講利用虛擬帳戶練功是不錯的選擇，可是對我來說，好像完全無效。所以，單做虛擬交易我只做了很小一段時間，就改用一面做虛擬交易一面做一口小台，這樣比較能達到既訓練自己，又有實際操盤的效果。

那段重新練功的時間我花了將近一年，一面，我練習尋找行情變動的規則性，另一方面，我則持續用移動平均線，漸漸的，我找到了一些關於移動平均線與市場報價的規則性。例如我發現價格在突破25MA或75MA時，其方向的趨勢會變強，另外，以5MA做為進場基準，勝率也會提高。

我花了1年的時間研究、檢討，並等到驗證沒問題後才正式進場。有許多人在還沒有確立自己交易方法前就開始大肆操作，這很容易導致失敗，新手千萬別跟錢過不去，與其要先跌倒再從失敗中學習，不如一開始先從虛擬交易和很小資本的一口小台指開始，這樣就可以免去拿著真金白銀當學費了。

■ 勝率只設三成，停損不停利

重回期貨市場，我以上一次所歷經的大虧損經驗訂立了操作守則。上次大虧損最大的原因就是抱著帳面的損失不放。這種做法只要價格變動劇烈，就會馬上被強制斷頭出場。為避免舊事重演，我決定只要出現帳面損失就立刻進行停損。

擺脫菜鳥　我採取的學習方向之一

認真的
學習股價圖知識
找出價格趨勢
與法則

當股價圖變成什麼形狀時，我進出最有利？

而另一方面，由於帳面利潤很可能會再繼續出現利潤，所以，我努力的壓抑馬上獲利了結的衝動，將產生利潤的部位盡量不立刻賣出，如此一來就可以達到損失小利潤大的目標。

　　我的理想是希望只用勝率3成來達到這樣的目標。

　　事實上，我只要跟任何做期貨的朋友或網友說到「勝率3成」大家都想嘲笑我，但若我現在在讀者面前，我也願意再次重申「勝率3成」這件事，我知道，你們一定無法理解這麼低的勝率何以獲利？但我的經驗、練習與試算都告訴我，任何的看盤方法與交易方式都不可能有百分之百的勝率，而投資人你應該儘量讓你的交易方法與做法可以在即使勝率只有3成仍可以獲利，這樣才能合格。

脫離菜鳥　我採取的學習方向之二

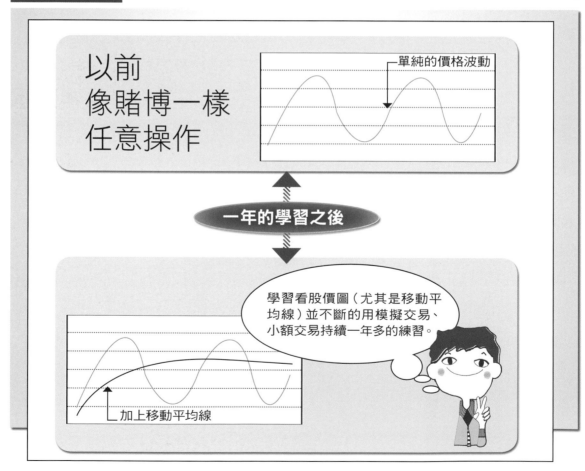

■ 持倉時間儘量短，另外，只要必需離開電腦就平倉出場

再者，我分析之前大虧損的另一個原因是倉位持有時間太長。

以前操作短線經常持有2-3天，有時還會更久。持倉久的缺點是無法緊急應對相關新聞所造成的虧損，連帶也使得帳面損失擴大。所以為了減少損失，有必要在最短的時間內完成交易。尤其不能在看不出趨勢的時候還勉強持有倉位，這種做法很容易造成雙重損失。

高槓桿的商品在類似金融風暴或像歐債事件時，只要一不注意，瞬間就可能大起大落，若此時持有的倉位與變動的方向相反，就會發生極大的損失，因此必須時刻注意。原則上，我只要眼睛離開股價圖，就一定先將手中的倉位清掉，等回到電腦後再重新建倉。

■ 別試著挑戰人性，保證金應該愈少愈好

在期貨交易中失敗，除了自己之外，沒有人應該負責。但經歷過一次大失敗之後，我覺得當年營業員告訴我「保證金愈多愈好」這件事，實在是不正確的，更嚴格一點說，我認為他也應該對我當年的「慘敗」負一點責任。

早期我曾經認為營業員的講法是對的，比方說，大台指一口保證金需要6萬4，若你能匯入三倍，也就是大約２０萬的錢，萬一行情「暫時看錯」也不會立刻被斷頭出場。所以，營業員建議保證金要匯入愈多愈好。

用大筆資金操作相同的交易單量比起小額資金來說當然比較不會被強制斷頭。但是資金多的話，在心裡上就容易放鬆，並且在帳面損失發生時，很容易讓損失的部位擺著而沒有做停損，直到被強制斷頭才出場。相對來說，用小額的資金只要稍微失敗，就會被強制斷頭，這樣的緊張感其實是會提醒人應較小心做分析的，並且，投資人也會自覺因為保證金很少，總會在慎重的判斷之後才進場。萬一進場後做錯了，也會確實的執行停損，否則被斷頭的危險性很高。

以減少風險這點來看的話，也許會感覺應該要用比較多的資金來操作才對。

但是萬一失敗的話，從損失金額這方面來看，用比較少的資金開始操作，打擊也會比較小。而我的立場是認為，用比較少的資金進場目的也在鍛鍊自己的精神。因為要確實的依照自己的方法適時的停損、進場，需要很強的精神力。

脫離菜鳥 致勝一定要改變的兩個想法

這才是對的觀念！

隨時注意 損小利大

以前大虧損時，
不管帳面損失擴大到何種程度都持續持有倉位。
現在為了不產生大虧損，
對帳面損失會馬上做停損。

這才是對的觀念！

縮短 持倉時間

以前大虧損時，
不管帳面損失擴大到何種程度都持續持有倉位。
現在為了不產生大虧損，
對帳面損失會馬上做停損。

脫離菜鳥 資金管理－－減少投資資金較佳！

認真的想一想！

資金 少的時候……

只要失誤就會被強制斷頭，
所以要很小心操作
（仔細研究後才開始操作，
也可以迅速做停損。）

認真的想一想！

資金 多的時候……

反正資金很多，
大概操作就好了
（因為存有僥倖心理，
帳面損失很可能不知不覺就增加了。）

▶ 提昇期

我明白了，每個人都需要找出自己的致勝方程式。我是鎖定移動平均線，並區分行情混亂時與一般行情時自己該如何自處！

我訓練了一年，重新回到市場，交易時採用K線，同時配合移動平均線的動態來操作，截至目前我也一直用這個方法。我的看盤重點在掌握短期市場的動態，並作出立即的反應，因此不需要基本分析看長期的動態。

為了掌握當天的趨勢，我利用30分鐘K線與1小時K線先畫出趨勢線以找出大概的動向。

至於移動平均線，我會用到5MA、25MA、75MA、200MA這4根線，但是就實際操作時，事實上我使用的只有前面三條，也就是5MA、25MA、75MA。至於200MA，我使用的目的只在做為確認大方向的壓力線、支撐線。

■ 5分鐘K線，我的兩個看盤重點

跟許多投資人一樣，我也是從K線圖來捉買、賣訊號。所使用的圖表是5分鐘K線。我曾經試著看過很多不同線圖，以我採當沖的交易節奏而言，自己的一個心得就是，比5分鐘線短的話經常會誤判，但是比5分鐘線長的話期間又太長。

從K線得到的買賣訊號有兩個－－

第一：

是由K線看，在發生強烈的趨勢時，之後產生十字線的點，我覺得那個「點」很重要（見關鍵圖一）。

所謂「十字線」就是開盤價與收盤價相同，實體部分變成線條。意味著上升與下跌的力道互相抗衡。舉例來說，強烈上升趨勢時陽線一點一點變短，連續出現的

途中若出現十字線且之後再出現陰線那就是賣出訊號。這邊要特別注意的是，我指的是在那種情況下十字線出現後，接著陰線出現，這是第一個「賣出」訊號。

在這裡陽線一點一點變短也是個重點。因為當強烈上升趨勢中陽線一直變短，表示行情一直向上推移之後，即出現上升力量變弱，那就表示下跌力量在增強中。這個時候如果出現十字線，之後又出現陰線的話可以判斷為下跌力量變強，所以是個進場放空時機。

相對的，當強烈下降趨勢中，陰線逐漸變短並連續出現，這時，只要看到十字線且之後再出現陽線，就是個買進訊號。

第二：

當從K線圖看，市場正處在混戰中，但卻在混戰中連續出現陰線或陽線的點，這個「點」我也覺得很重要（見關鍵圖二）。

出現那樣的圖形，我個人覺得是行情處在市場混戰時有效的買賣訊號。也就是當陰線跟陽線交互出現，表示市場看不出趨勢行情正陷入多空混戰，此時若連續出現2根陰線的話就是賣出訊號。賣出訊號出現後的線，如果開始下跌就是進場的時機。

多空混戰時買進的時間點正好相反。也就是當陰線跟陽線交互出現，市場陷入多空混戰，此時若連續出現2根陽線的話就是買進訊號。買進訊號出現後的線，如果開始上漲就是進場的時機。

用這樣的買賣訊號來進場的重點在於，確定第3根線是陽線(陰線)之後進場的可靠度比較高。

但是，任何方法只有要其優點也必存在缺點，這個方法的重點在於第3根線如果不是續陰或續陽的話，之後的價格變動可能變小，所以，我在第3根線已經朝我判斷的方向快速移動時，就不再確定它是會接續之前的氣勢與否，直接先進場，萬一看錯了就再等待機會出場，而看對了，就可以提早卡位，這樣獲利就豐厚多了。

進場的時機影響到是否能夠獲利，所以希望大家能自己找出來做判斷。只要多嘗試幾次這樣的方法應該就可以找出適合自己的進場時機。

關鍵圖一 強烈趨勢下的買、賣訊號

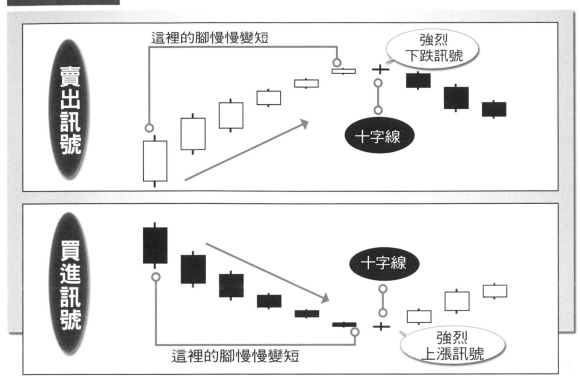

關鍵圖二 市場混亂時的買、賣訊號

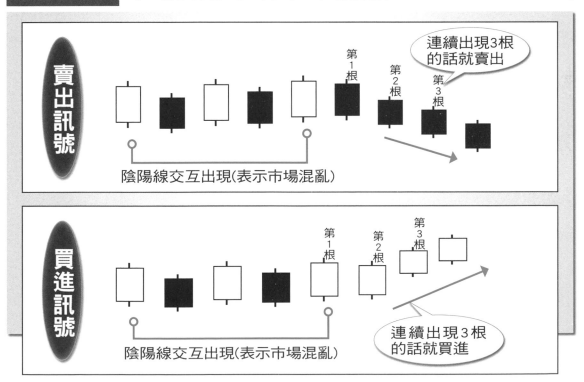

■ 移動平均線(MA)，我的四個看盤重點

移動平均線的買賣訊號我採25MA、75MA的上漲跟突破的時候。也就是說，我以25MA、75MA做為壓力線與支撐線而進行實際的買、賣（見關鍵圖三）。

具體來說，當上升行情中的K線要向上方繼續挺進時，如果遇到移動平均線，而出現壓力的話就賣出，如果行情很強，向上突破壓力線的話就買進。

相反的當下跌行情中的K線要向下方繼續探底時，如果遇到移動平均線，而出現支撐的話就買回，如果行情很強，向下跌破支撐線的話就放空。

這邊要注意的是當200MA跟75MA很接近的話，即使75MA突破的話也要先觀察一陣子比較好。

200MA的作用是看強力的支撐線與壓力線，所以即使75MA突破也可能在這邊遇到阻力。

但是如果200MA突破的話就可以進場。依照K線來看買賣訊號一樣，只用移動平均線也是可以操作的，但是為了提高可靠度，在雙方都出現訊號時進場會比較好。

■ 可以獲大利潤，重點在停損

停損點要看當時價格的變動而進行調整，請記住，不是因為自己的部位虧錢了，才停「損」，原則上，我認為所謂的停損跟自己在幾塊錢、幾點進場無關，而是從市場來判斷，只要判斷應該是出場的時機，就不要管自己的成本該出場就出場。

買進之後的停損單可能會以高於市價的價格成交，賣出之停損單可能會以低於市價的價格成交。這時候必須要注意如果行情沒甚麼波動或是行情波動劇烈時，有可能在上漲時忽然價格向下而造成強制退場。所以，投資人在操作時特別要留意，應該配合價格波動的激烈程度，機動的調整停損位置（見關鍵圖四）。

另外也要注意，萬一停損位置設定不恰當，也有可能造成很大的損失。

關鍵圖三　從移動平均線看買、賣訊號

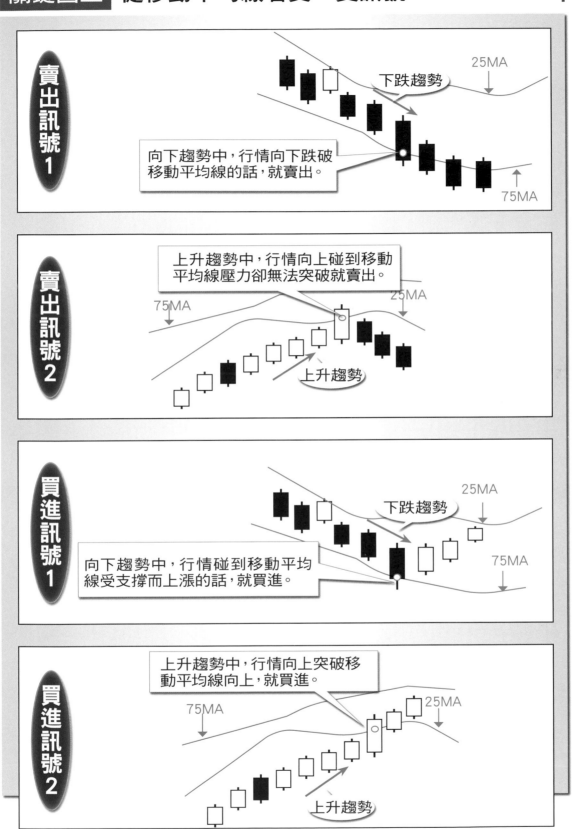

賣出訊號1

下跌趨勢

25MA

向下趨勢中，行情向下跌破移動平均線的話，就賣出。

75MA

賣出訊號2

上升趨勢中，行情向上碰到移動平均線壓力卻無法突破就賣出。

75MA

25MA

上升趨勢

買進訊號1

下跌趨勢

25MA

向下趨勢中，行情碰到移動平均線受支撐而上漲的話，就買進。

75MA

買進訊號2

上升趨勢中，行情向上突破移動平均線向上，就買進。

75MA

25MA

上升趨勢

以買進(賣出)進場後，
配合上升(下降)設定停損點，
可以適時的出場並獲得利益。

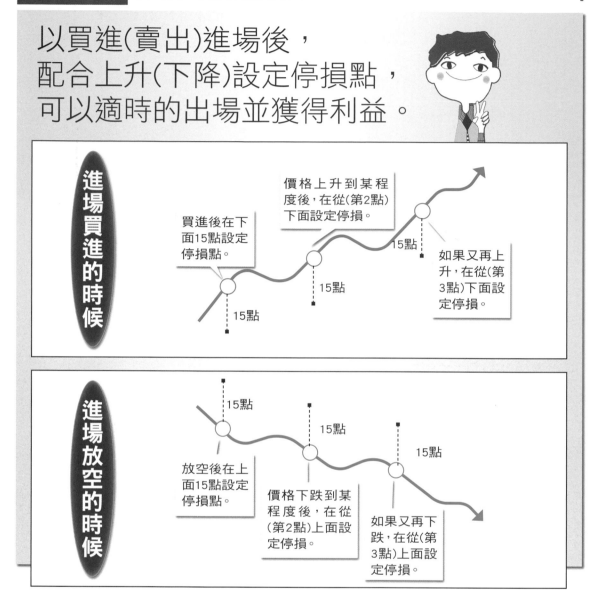

進場買進的時候

買進後在下面15點設定停損點。

價格上升到某程度後，在從(第2點)下面設定停損。

15點

15點

15點

如果又再上升，在從(第3點)下面設定停損。

進場放空的時候

15點

15點

15點

放空後在上面15點設定停損點。

價格下跌到某程度後，在從(第2點)上面設定停損。

如果又再下跌，在從(第3點)上面設定停損。

接下來，我們要討論，如何在擴大利潤的前提下設定停利的位置。

行情變化的快、慢跟我的交易策略有很大的關係，但若要講一般性的原則，以台指期為例，我會把獲利目標設定在20～25點以上為目標。另外，就是在上升行情中等價格突破25MA時進場，在接近75MA的時候，就先把第一個目標設定為75MA。等到價格碰觸到75MA了之後，再看情況是要繼續保持倉位以擴大收益？還是先落袋為安？還是要等到正式75MA突破之後再進場？這都是可行的方式，這邊希望讀者能自己去找出適合的方式。

■ **市場混亂時的實際操作**

　　本例(範例圖一)是台指期2011年10月16日的5分鐘K線線，以單純的K線來看，標示的地方正處於市場混戰的狀況。會選擇在標示中7380的位置放空，因前面的水平波動中已經連續出現兩根陰線，且第三根看起來是會再度形成陰線，價格已經跌到25MA之下，所以在確立第3根陰線時進場放空。

　　停損點我選在75MA附近7388～7390之間，依照行情前進的速度做些微的調整。放空後行情很順利的延著5MA之下下跌，事實上，若行情繼續下跌，沒有出現向上反轉的徵兆，就可以看情況加碼，但在20分鐘後，一根長陰線落下，之後空頭似乎沒有力氣再戰，在那根長陰線的實體內孕育出一根陽線，下跌的行情在這裡理論上已經得到支撐了，在這裡就先獲利了結出場。

範例圖一 **市場混亂時的買、賣訊號**

停損點設在75MA線上7388的地方。

75MA

200MA

5MA

25MA

選在7380放空！在這之前K線在一個不上不下的水平之間混戰，在此放空前已經有兩根小陰線，且第三根陰線已經快要形成。
再從移動平均線來看，第三根陰線先是跌出5MA，再跌到25MA之下，可確認這裡可以放空。

大陰孕小陽，在這裡應該先獲利了結。

▶ 成熟期

當自我訓練方向正確，獲利就會愈來愈好；相反的，若對期貨這種極短線交易的認知錯誤，比方說誤用複利，那情況就只會更糟！

每一位期貨、股票當沖的初學者都很想要快快學好「獲利技術」，我也認為它非常重要，但我想，最終能否成功，還是心態的部份。

首先，你應該想一想有關期貨這門生意，你的「退場機制」是如何安排的呢？也可以說，你的「期貨目標」之「終極點」在那裡呢？

如果沒有目標隨性而為，賺了10萬、10萬之後下次就挑戰100萬、100萬的賺，然後又把它設定賺200萬、200萬的賺……，如此，就會變成永遠都沒有止境的一昧追求利益。

事實上，這樣子的想法是不合理的。

因為期貨畢竟不是一家企業，企業有相關工作人員、客戶一起成就某件事業，期貨通常是單打獨鬥的事業，不要以為有誰可以像超人一樣可以永遠不斷的操作期貨。

另外，也不能太過自信，以為自己的方法可以永遠適用，也許某一天就忽然不再適用也不一定。那時候如果仍然固執的不肯變更作法，很可能就會將一直以來賺的錢都賠光。

■ 要有某一天必需停止操作期貨的覺悟

因此，如果你一開始設定200萬為獲利目標，等到目標達成時就必須要有停止操作的覺悟。另外當自己的方法不再適用於市場時，若不找出適用當時市場的方法也可能就賺不到錢。這時候為了減少自己人生的風險，必須要找出期貨以外

的賺錢方式。

　　不容諱言的，當我重新再回到市場之初，的確也是用了5成以上的本金在交易，希望能因此可以賺到比較多的錢，但是，一面操作一面還是會擔心如果再發生像2008年次貸風暴那樣的事件會失去所有的資產。所以，在操作比較順利也比較有心得時，我反而愈來愈保守，心裡想的常常是如何避免資產大幅減少，於是開始考慮如何減少風險，並把操作資金的成數一降再降。

　　為什麼會這樣子安排呢？

　　這是從整體投資資金來做考量，並且也漸漸看清，我應該要隨時保持「即使損失也不心痛」的狀態。例如，我只用2口台指期交易，這樣的資金量，只會佔到我資產中的很小部份，就算當天行情完全看錯一天就全部被斷頭，也對我沒有任何影響。這樣子的資金控管可以管制我容易衝動的交易行為，雖然現在還沒有練到很完全，但我把「淡定」做為自己的訓練目標，當你自我訓練的方向的對的，交易就愈來愈順手，沒有看到可靠的買賣訊號就不出手，而一出手就已經算好當所有錢在幾分鐘內被「秒殺」也無關緊要。

■　揚棄「複利」迷失，停損也該在沒有心痛的程度

　　另外，我想談有關「複利」這一件事。

　　沒錯，我一開始也是運用「複利」來操作，也就是把賺進來的錢滾在下一個保證金繼續交易。

　　但是這也相當有危險性的。

　　所謂複利運用也就是將賺到的錢再當作本金來運用的一種方式。如果用複利的話，利益越大每次可被動到的資金也越大。一直用複利的話，回收變大的同時風險也變大。考慮到這樣的風險，我強迫自己將可用的金錢額度固定，只要累積到一定的利益就將錢從戶頭領出。例如，我的原始保證金是100萬，但當我獲利50萬時，就把50萬領出。不用複利，並且將錢從戶頭部分領出，可以避免資產一下子減少，不管再怎麼賠錢，也會留下某些程度的利潤在手邊。

停損點的設定不能是讓自己心痛到下不了手的程度。

設定停損點時如果心中一直猶豫不決，就會永遠做不了停損。即使有時候運氣好，價格上漲並能得到利益，在嚐到甜頭之後每次都重複一樣的事情，這樣就做不了停損。結果就會是一直抱著帳面損失而最終被強制斷頭。可以說如果沒辦法遵守設定的停損點，是沒辦法在期貨市場賺錢的。

■ 對現在投資者的建議，不管輸贏都要保持平常心

當連續賺錢時，人就會對自己的操作手法有信心，而開始提高口數希望賺更多的錢，最糟的狀況甚至可能轉變成忽視自己的操作方法而依靠沒有根據的第六感，這是很不好的交易習慣。這樣沒有根據的操作方式也許會贏個1次、2次，但如果一直持續下去，以結果論來說將會產生相當大的損失。

相反的，如果持續賠錢，為了取回賠掉的錢，人也可能將交易單數增加、應該停利時不做停利，就會錯過停利的時機，甚至應該停損的時候，也容易錯過設定的停損點。

所以為了要保持平常心，很重要的是必須要決定操作的規則，像是「1天操作次數幾次」「1天如果賺多少／賠多少，當天就不再進行交易」等等。

透過這樣的方式將心中希望的1天最高利益／損失先設定好，才能確保平常心。

雖然經常被人說決定1天只能操作幾次這樣的方式有點浪費，但是心裡要先想好，如果繼續做的話一定會賠錢。如果這樣還不能冷靜下來的話，就先脫離期貨幾天，去做其他事情或休閒，讓心情平靜下來。

■ 事先計算，停利點、停損點的平衡

為了說明穩定操作的重要，我先用個比較極端的例子，假設你設定勝率是8成，停利點是10點、停損點是100點，10次交易之後會變成負120點（先不計算

手續費），這樣子的交易策略是怎麼樣都不會賺錢的，而且愈到後來交易愈多就賠越多。

你或許會說「神經病，有誰會做這種事呢？」

錯了，真的有人會做這種事。

我以前就做過，而且常常做。

小賺10點趕快跑，想要入袋為安；而一直以為行情就要逆轉了，不肯停損出場，最後被迫100點停損，這樣子「勝率」真的有8成，而且「目標」很容易，但是仔細計算損益的話就會發現並沒有賺錢。

將勝率下調到5成，設定停利為25點、停損為15點時，交易10次後計算出可以得到150點的利益。

停利停損點的計算不能光憑感覺，必須要仔細的考量。透過這樣的計算，幾次下來就會知道可以獲得的利益會有多少。

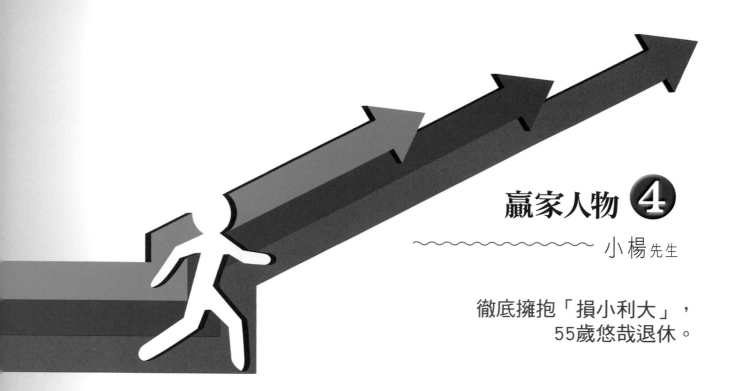

贏家人物 ❹

小楊先生

徹底擁抱「損小利大」，
55歲悠哉退休。

屆臨退休，

小楊只想找份有熱情的副業，

以100萬為本金投入期貨，不出兩個月本金被「秒殺」，

這才知道原來期貨市場會「吃人」。

看書、思考、做模擬交易、制定交易策略、修改指標參數，

小楊說，他自參加大學聯考後就沒有對學習那麼認真過了。

曾經極度後悔進入這個恐怖市場，

但他形容做期貨如同娶了一個美麗的壞妻子，

你得真的很愛它、很有熱情，

否則，

不要輕/易/與/它/談/戀/愛。

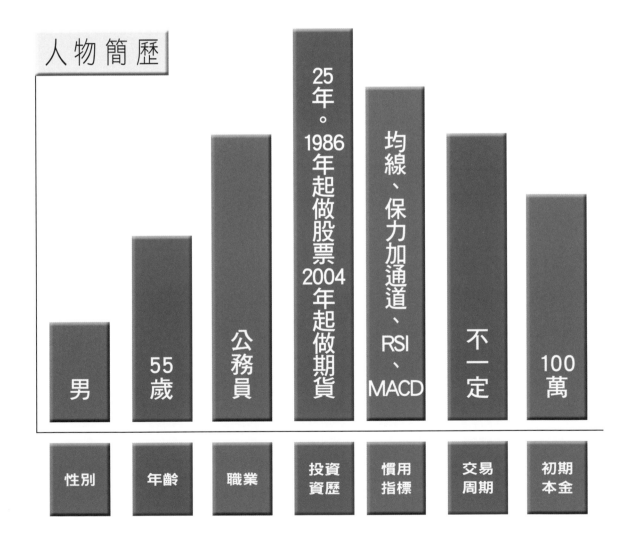

人物簡歷

性別	年齡	職業	投資資歷	慣用指標	交易周期	初期本金
男	55歲	公務員	25年。1986年起做股票2004年起做期貨	均線、保力加通道、RSI、MACD	不一定	100萬

投資績效

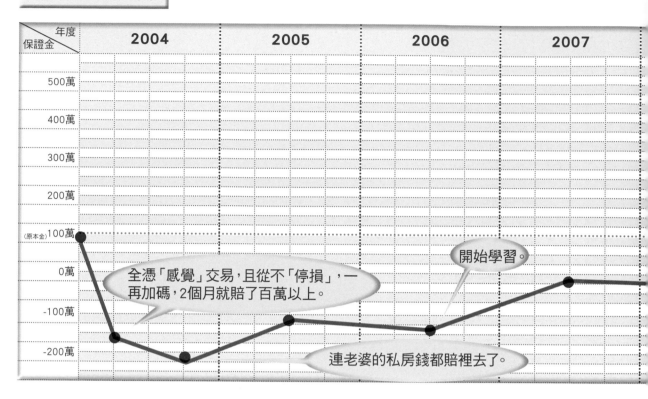

年度 保證金	2004	2005	2006	2007
500萬				
400萬				
300萬				
200萬				
(原本金)100萬				
0萬				
-100萬				
-200萬				

全憑「感覺」交易，且從不「停損」，一再加碼，2個月就賠了百萬以上。

開始學習。

連老婆的私房錢都賠裡去了。

投資經歷

投資經歷 最值得的事	有一項副業是讓自己一直有熱情的，總之，熱情很重要。
賠過 最痛的經歷	最初2個月，賠光創業準備金100萬，還跟老婆借了私房錢50萬應急。
賺過 最美的經歷	趨勢很明確的幾個時段像sars、雷曼和歐債，我都賺到了。
交易標的	期貨、選擇權、牛熊證、股票、外匯。

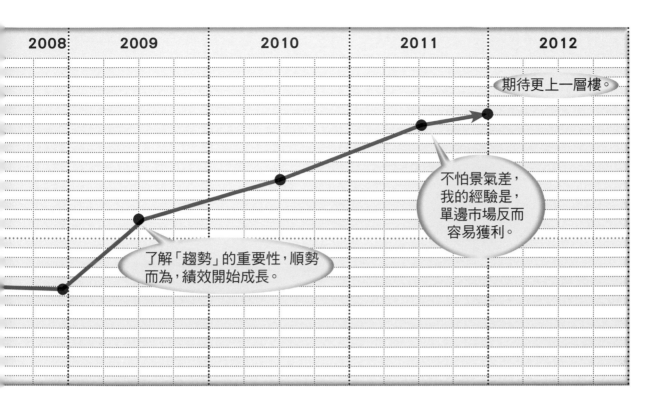

蛻變歷程

菜鳥期	做投資就是要贏，怎麼可以「停損」，追加追加再追加保證金，入行第一個月，賠了本金100萬，還借了50萬！
學習期	讀書，而且是讀很多很多書。另外，一直做模擬交易，一邊學技術一邊用模擬交易測試。就像聯考一樣，做很多測驗題。
提升期	支撐、壓力的判斷是讓我「逆轉勝」的關鍵技術，鎖定這個目標之後，我用保力加通道配合均線，讓操作勝率最大化。
成熟期	注意「損小利大」的勝利恆等式，勝率沒有那麼重要。若能真心領會這句話的意義，你也會跟我一樣，悠哉度退休後的日子。

▶ 菜鳥期

很多初學者迷信「勝率」，我也不例外，但勝率若不是100%就沒有什麼意義，長期操作的結果一定是輸的！就算勝率90%也一樣。

我 原本只是個上班族，在一次同學會中，認識了一位同學的太太，她本身是證券營業員，因著這一層關係，我開始投資台指期。

做期貨，原因只是「想賺錢」這樣非常單純的想法。記得還沒有進入期貨市場之前，我曾經在網路上搜尋「在家工作」、「快樂儲蓄」之類的關鍵字，結果跳出來的，有九成以上都是直銷公司的宣傳廣告。事實上，我也不排斥直銷，自己也跟家人去過直銷大會，但聽了會場的說明，我卻一點熱情也沒有。

簡單來說，有一段很長的時候，我一直在尋找開創副業的管道，記得有一陣子我跟太太把焦點指向經營加盟店，我們研究了便利商店、飲料店、早餐店甚至SPA館都考慮過。現在要做副業做加盟，管道很多，而且獲利也會比放定存好，可是我比較重視那份副業對我來說，有沒有熱情？我想，所有的事業都一樣，好賺的行當必然不久就面臨到市場競爭而面臨挑戰，沒有熱情是不可能成功的。

後來我很意外的選擇了台指期投資。被吸引的原因是因為交易方式簡單、只有買跟賣，重點是，一接觸到期貨我就被它深深吸引而且很熱情的投入。

開始投資之初我單純的認為在低價買、高價賣就可以賺錢。但是實際看價格的波動，卻沒辦法判斷甚麼時候算高價？甚麼時候算低價？而且我也不能理解為何手上沒有東西卻可以做「賣出」動作？因為完全不清楚期貨交易的理論，所以我的交易方式完全捨棄看不懂的「空單」，而只操作容易了解的「買進」→「賣出」。

當時，不要說什麼「交易策略」，我連在股價圖上畫趨勢線也不懂，甚至不知道有技術指標！

所以，當時我的操作方式是看著價格，完全靠自己的感覺、大概的價格來買賣。

沒想到，靠著意想不到「新手的好運」，初期我還是有賺到錢。但是光靠感覺來交易，很快就遇到瓶頸。這就像賭徒，能賺到錢僅僅是因為運氣好。

因為我只會做「買→賣」的交易，所以，遇到市場價格快速下跌時，很快就賠光了，之後還被強制斷頭產生很多損失。

回顧這段菜鳥交易歷程，所犯的錯誤除了這些還有其他－－

首先，交易的最初，我完全不知道操作台指期還得看美盤、亞洲盤（現在想想還真的超級不可思議！）也因此，在新手的好運走完之後，就嘗到失敗的苦果。

另外，特別令我懊悔的就是處理帳面損失的方法。

雖然現在已經很清楚了，但是當時我做了顯然不該做的事：就是沒有將帳面損失停損，反而不斷的追加保證金。把原本只有10萬的保證金，一直加到了30萬…。這樣重複的操作讓我損失愈來愈多，最後賠了100多萬！迫於情勢，我還向老婆借了50萬，在百般不願意的情況，我這才暫別期貨市場恢復一般的生活。

失敗檢討 以前操作期貨失敗的2個原因

這是錯的觀念！	這是錯的觀念！
不知道「放空」的結構	**抱著虧損單，追加保證金**
不知道放空的理論就沒有做。另外，基本的股票知識幾乎都不懂。	抱著帳面損失，因為沒有做停損而持續匯入保證金，產生了更大的損失。

我是為了賺錢才操作台指期的當時雖然賠了，但我還是沒有其他賺大錢的方法。沈澱一段時間後我決定貫徹一開始的想法，再次挑戰台指期交易。

首先，立志要找出自己失敗的原因，所以我開始做各種分析、收集各種資訊。

在這過程中我改變了對期貨交易的想法。我原本認為，期貨價格不是上就是下，有點賭博性質的感覺。但是經過研究之後才發現，台指期不但不是賭博，而且還可以配合交易守則來賺錢。

於是更加強我的學習心，由此而開始了我的反擊。

■ 讀對投資書是成功的第一步，可以少奮鬥幾年

早期，我其實是把經營副業目標放在加盟店，當初的規畫是先找好標的，一面投資一面學習應該來得及，後來「誤觸」期貨市場，我也以為，只要先投入一小部份資金，一面做一面學習，應該也OK，但萬萬沒有想到，這一行風險之高，超乎任何行業。早期倉促的拿著一筆小錢進場，什麼基礎能力都沒有，那是不正確的。

為了讓自己學習，我從股票、台指期的基本術語開始。在這學習的過程中，我發現國內雖然說理財書不少，但真的寫得很貼近投資人需求的並不多，尤其很多書的封面都寫得嚇死人的好，好像只要這樣做、那樣做就可以輕輕鬆鬆簡簡單單的賺錢，建議大家不要被那些書騙了，投資，沒有那麼簡單。尤其早期我想省一點錢，在網路上找資料、上圖書館借書，那也是個很差勁的做法。

怎麼說呢？

網路上教人家什麼解釋名詞、操作技術的資訊都片片斷斷的，花了很大的功夫看來看去，只是浪費時間而已，沒有什麼用。至於圖書館的書，一來是太舊了，操作的技法與寫作的方式不是過時了就是理論一堆，早期的那種寫作方法很喜歡寫理論，就算你把重點都背下來，上了場，保證你還是不會操作。因此，我以過來人的經驗建議投資人，不要為了省錢，白白花時間「讀錯書」，耽誤了時

間不打緊，重要的是，還會誤導初學者，以為做期貨做股票只能靠自己慢慢摸索，因為圖書館借來的書都不適用，我讀得很沒有興趣，所以，就東翻西翻，亂看一通。直到下定決心好好的學習投資，到大型的連鎖書店去找書，才知道什麼樣的書合於自己用。

我的閱讀習慣是從頭到尾一字不漏，所以總選書輕薄、圖表多的書或雜誌。因為再怎麼好的書，若不能重頭到尾讀過就不能了解作者的想法。事實上，我狠狠的讀了數十本這樣子的圖文書後，還是回過頭去讀圖書館那些厚厚的講理論的書，但那個時候再看，已經輕省很多，這是我精進功力的方法，在此提供給讀者做參考。

如此我花半年時間從頭開始了解台指期。在這段時間我常用模擬交易驗證技術，在各種方法中找到適合自己的方式。

目前我找出的方法有兩個重點：勝率5成跟損小利大。

想了解我交易思路者，請牢記這句話「勝率5成＋損小利大」。我認為台指期交易，贏的原因跟輸的原因完全不同－－

■ 操作短線輸的理由都一樣，但贏的原因(路徑)卻各自不同

贏的原因會反映出投資者本身個性，所以每個人交易的模式都不同，所以贏家的交易手法並不容易模仿(或說「套用」)；相對來說，輸的原因就沒有那麼多種。特別是初學者，一般來說，都是因為不擅長停損或不會停損而輸的。

那麼，如何學習停損呢？

如何有效的做停損就要在模擬模式裡面徹底的嘗試。具體來說，就是要徹底的按照自己設定的停損幅度去執行。請投資人們仔細想清楚－－停損將決定最終的損失，所以若停損一事被徹底執行的話，勝率就會降低。但是，不用介意勝率低的問題，試想，若你出手10次，有9次賺了，但只賠了那一次就賠到讓保證金被斷頭，那也沒意義不是嗎？

很多人以為勝率越高越好，市面上的書籍也有很多也以這點為主做描述。但

是只要勝率不是100%，再高的勝率都沒有意義。損失的金額在獲利之上的話，勝率再高，只要持續用同樣的方法遲早會破產的。但相反的，雖然勝率低卻可以真正獲利，那麼，那個方法就是有效的。所以，我在擺脫菜鳥的第1階段就是確實遵守停損規則，即使勝率不高，但是若交易2次可以贏1次的話，就可以初步判斷那個方法是好的。接著，第2階段要確認是否可以實現損小利大。利用台指期要在短時間內賺錢並不難，可是就長遠來看，獲利的幅度要在停損的幅度之上也不容易。為了實現損小利大，一面要確實遵守停損規則，一面要找出可確實執行停損勝率又可以在5成以上，滿足這兩個條件的方法。

失敗檢討 初入門時錯誤的想法與做法

還是個初學者
當時的想法

用感覺
以大概價錢操作

看價格波動，感覺價格便宜就進場，感覺價格高就賣出。

失敗！！

還是個初學者
當時的做法

覺得便宜就買
覺得貴就賣

完全不知道技術，也不會判斷價格高低。

失敗！！

▶ 學習期

看對好的書、正確的書可以讓你「少奮鬥幾年」，小楊說：
「比討對老婆還好用」！另外，他極力推薦要找出對自己合
用的技術參數。

歷 經菜鳥期那一段「慌亂」、「沒策略」、「賠了一屁股」的新手階段
之後，我反覆驗證，找到了很合於我所使用的四個分析指標，也是持
續到現在我仍持續使用的操作方法，它們分別是－－

移動平均線、保力加通道（Bollinger Bands，也有人稱它布林通道、B
Bands）、MACD和震盪指標RSI（Oscillator）。

移動平均線表示價格的方向性。

保力加通道是移動平均線跟它的標準偏差重疊之後畫出的線，從價格分布狀
況預測趨勢變換的時機。

MACD表示是短期跟長期的移動平均線的乖離度。用MACD跟訊號線這兩個的
平均線測出買賣的時機。以上這三種都是用趨勢來做參考的技術指標。

最後是震盪指標，表示超買、超賣狀況，可以看出市場強弱。其中代表性的
指標就是RSI。RSI在30以下的話是超賣，也就是買進訊號；到70以上是超買，就
是賣出訊號。

用震盪指標可以看出市場的強弱，在反向操作時很好用。但是弱點是在市場
產生大的趨勢時作用不大，所以要小心。

首先是找出合於自己操作的技術指標，接著，就找出跟自己操作習慣能配合
的參數。

不管甚麼指標都會根據參數設定不同而有不同的狀況，所以應該要找出適合
自己的參數。

一般在保力加通道設定移動平均線大多是設20，但我習慣設25。

有關參數設定的部份，我覺得完全沒有規則可以循，你得找到合於你用的。我很難用數據來說明，為什麼我用的是25，而不是30或20。

總之，在實戰的過程中，只要你用心(也就是我所說的「熱情」)，就會摸索出最適合自己的數值。

技術指標種類很多，若要再配合參數的設定，排列組合數量更龐大，投資人不可能全部都試過。

但是嘗試各種技術指標，在變換參數的過程中一定會出現自己有感覺的數字，這樣也才能發揮出那個指標工具最大的功能。

我一直認為，光是用看盤軟體原始設定的參數操作，那就太浪費了。我也知道有一派人認為，修改技術指標的參數沒有意義，應該採用預設值，也就是愈多人採用的參數來看，這樣整個投資者有志一同的認為它是壓力或支撐，如此「效力」最大。

不過，我是不這樣認為的，因為在實戰上，對其他人覺得好用的參數，對自己來說可能並不是那麼好用。而所謂「好用」指的就是可以很容易看出支撐線、壓力線、買賣訊號的意思。

■　無法停損是習慣使然，要視之為不良習慣並認真對付它

我在學習的過程中並不是只知道如何進場，更要知道怎麼出場，也就是做好停損。

嚴格的設定停損，但是要徹底實行停損，不管對任何人來說都考驗著投資人的精神力。

我認為不能做好停損就像一種壞習慣。舉例來說，有人只要一開始思考事情就要抓頭；有些人遇到很困窘的事就會就咬指甲。諸如此類的壞習慣因為是外顯的，家人或朋友可能會在旁邊提醒，久了就改掉了。但是，操作期貨如果沒有做好停損，是不會有人加以指正的，這時候唯有「自救」。

在停利方面，也要設定標準。

擺脫菜鳥 脫離初學者所做的事 1

到書店認真的充實跟股票、台指期相關有用的入門知識。首先,一定要知道像移動平均線、K線之類的基本知識。

擺脫菜鳥 脫離初學者所做的事 2

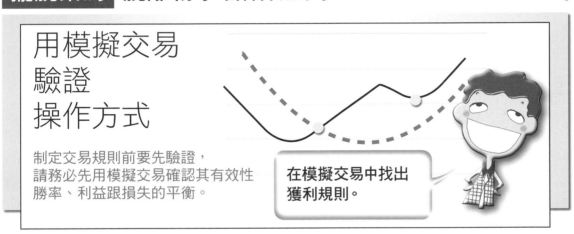

用模擬交易
驗證
操作方式

制定交易規則前要先驗證,
請務必先用模擬交易確認其有效性
勝率、利益跟損失的平衡。

在模擬交易中找出
獲利規則。

擺脫菜鳥 脫離初學者所做的事 3

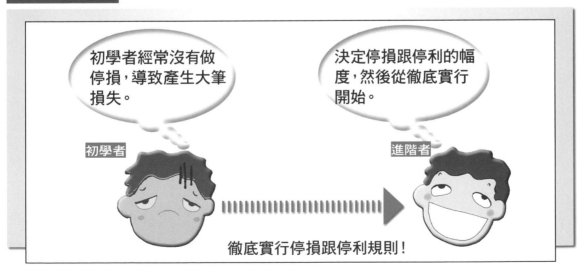

初學者經常沒有做停損,導致產生大筆損失。

決定停損跟停利的幅度,然後從徹底實行開始。

初學者

進階者

徹底實行停損跟停利規則!

停損與停利的絕對值設定為多少因人而異，但總之，停利一要比停損大。

　　一般來講，我的停利點不會設得太大，因為若設定得太大，很可能停利還沒有達到就先點到停損了。

　　順帶一提的是，當我對停損愈來愈有心得時，我開始反過頭來把停利目標設得更高。我個人的操作習慣為停利是停損的2倍，也就是說，若我設定停利是30點，那麼，停損就是15點。

　　若問我的投資心得最重要的是什麼，我想，我會說，就是徹底執行停利跟停損，因為只要遵守這個原則，期貨才能獲勝。

▶ 提升期

> 感覺，是最不可靠的東西！交易必需仰賴數據、客觀的指標，並且算好機率，更不能迷信有什麼方法可以百戰百勝。

易期貨，股價圖是不可或缺的。在公開具體方法之前，首先要說明，我最信賴的技術指標還是簡單移動平均線(SMA)。

範例圖一是75MA，這是回溯75根收盤價計算出來的，換句話說可以反映出75根線之前的趨勢。從範例圖一可以看出台指期在2010年7月至12月持續是上升趨勢；由範例圖二可以看出台指期在2011年6月至11月持續是下跌趨勢。利用移動平均線可以看出趨勢狀況、變換期等各種資訊。另外一個特徵就是移動平均線經常被做為支撐線或是壓力線。

移動平均線對初學者來說非常容易了解，被當成初級的指標，很多老手投資者也設為最裡要的指標。因為用的人多，做為技術指標就更具代表性。

另一項我愛用的是保力加通道，這個指標可以說是移動平均線的進化型－－

保力加通道的中線是任意數值的移動平均線(我用25)，從那裏開始加上第一標準差(1σ)、第二標準差(2σ)上下以震幅為基準的最大變動幅度。我通常以這個指標來做為我捉壓力線與支撐線的標準。

壓力線、支撐線是我擺脫菜鳥賠錢宿命很重要「逆轉勝」的一道關卡，即使到現在我仍然使用它。我所使用的支撐線跟壓力線主要是從移動平均線跟保力加通道來看，並將兩者重疊配合使用（見範例圖三）。

在時間軸部份，我主要是看日線跟1小時線，但是隨著不斷進步我也會看30分、15分、5分線。具體來說我用的是設定在日線圖中25MA的保力加通道跟75MA從中找出操作的機會。在保力加通道部分的偏差會參考1σ跟2σ。

此外，配合參考的指標，我用RSI確認震盪情況，然後用MACD確認是否有黃金交叉或死亡交叉。

範例圖一 上升趨勢（2010年7月至12月台指期）

75MA這一條線有支撐線的功能。

範例圖二 下跌趨勢（2011年6月至11月台指期）

75MA這一條線有壓力線的功能。

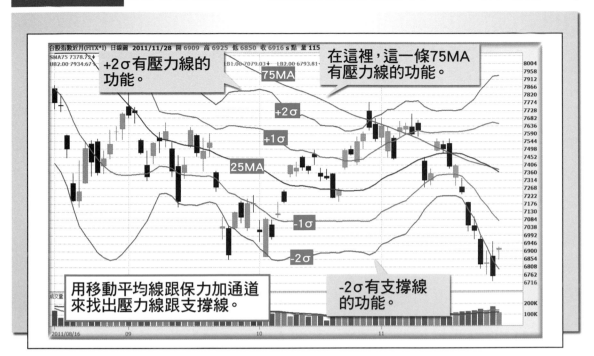

因為MACD發生黃金交叉跟死亡交叉的頻率不高，所以只要發生的話就像是得到額外獎金一樣。它的用法是，當我發現行情可能突破某個價格區間，若這個時候MACD出現訊號，那就等於更強化了我的想法。這裡我要強調的是，一般我不會單純只看一種技術指標就操作，例如，我不會因為看到MACD有黃金交叉時就買進，而是把它當成輔助指標，也就是說，先從股價圖的支撐、壓力區看到好像快有突破性的行情時，再以RSI、MACDE做為再次確認的工具。

■ 利用−1σ、＋1σ找出趨勢與支撐、壓力

以2008年8月台指期日線圖為例（見範例圖四），在看盤軟體上設定保力加通道，然後設定25MA用±1σ。用這個設定來看8月到11月的日K線，可以看到行情大概是沿著-1σ下降，沒有超越壓力線的力量。雖然有一次越過了-1σ，但是行情上漲到了靠近中軸線(移動平均線)附近力量就變小，結果又再度回到-1σ下方。像這樣，下降的趨勢線或壓力線的下方有K線，行情上升之後再反轉的狀態

就是典型的下降趨勢。因應這樣的行情，基本策略就要在整個下降趨勢中，一時的上升點中做放空賣出。

當上升趨勢時也是一樣。

K線一時下降，但整體是接近上升支撐線時，就可以做為買進點。

以2009年2月到6月的行情為例（見範例圖五）。從股價圖中可以看到行情大概沿著+1σ上升，沒有跌到支撐線之下。當行情下跌到中軸線時，強力的支撐力量，立刻發揮支撐行情的力道。

行情不可能永遠的上漲也不可能永遠下跌，當K線突破壓力線或支撐線時，行情就可能出現新的發展。

以下，仍是用範例做說明－－

範例圖六是延續範例圖四的台指期日線圖，2008年8月到11月左右，台指期的行情在-1σ線上持續往下。但是9月29日起，行情已經開始挑戰-1σ線。之後上升趨勢很強，2次突破-1σ線。到了11月底，價格在中線附近，初步判斷會從下降開始轉變為展開新的一波報價。但價格一直在中軸線附近徘徊的趨勢或是一下子上升到+1σ線，然後再往下到-1σ線也是一種模式。

這時候不要勉強進場，等到價格變動明確了之後再決定是否進行交易。

■　保力加通道配合75MA的操作實例

接下來舉另一個以K線突破壓力線或支撐線為契機價格轉換的例子，一樣是台指期的範例（見範例圖七），這次顯示保力加通道跟75MA。由圖表來看，在2011年9月，K線基本上出現在-1σ下方。但是這個趨勢改變是在10月11日一根跳空上漲的陽線一舉突破了中軸線，從這裡行情暫時進入上升趨勢。

之後行情在中線之上波動，而中線也成為有力的支撐，但在10月28日，遇到向下彎的強力壓力線75MA，當天股價收了一根很長的陰線，目標是在這裡可以放空。同樣的情況在11月16日一樣發生，這都是放空的機會點。

範例圖四 用保力加通道找壓力線(台指期2008年8月～12月日K線)

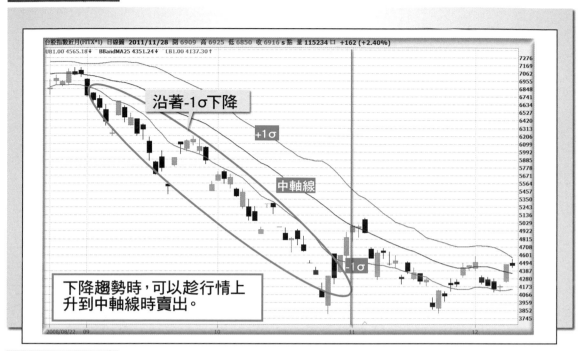

沿著-1σ下降

+1σ

中軸線

-1σ

下降趨勢時，可以趁行情上升到中軸線時賣出。

範例圖五 用保力加通道找支撐線(台指期2009年2月～6月日K線)

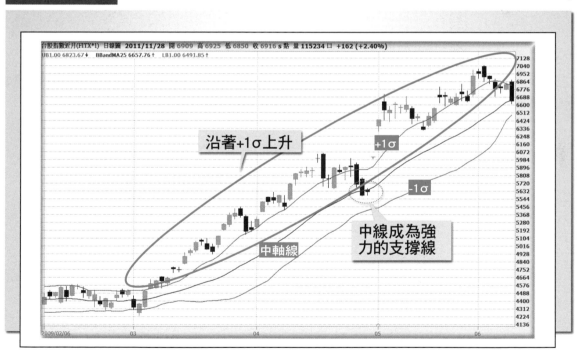

沿著+1σ上升

+1σ

-1σ

中線成為強力的支撐線

中軸線

範例圖六　保力加看不出趨勢時候 (台指期2008年10月～12月日K線)

看不出動向，不知道哪是壓力線、哪是支撐線時不要勉強進場，先觀察。

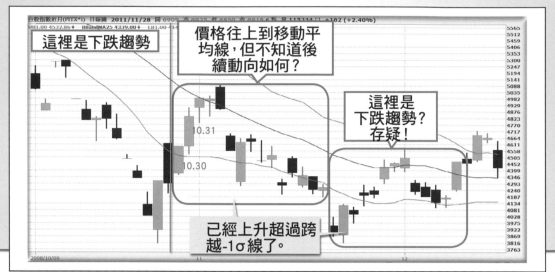

這裡是下跌趨勢

價格往上到移動平均線，但不知道後續動向如何？

這裡是下跌趨勢？存疑！

已經上升超過跨越-1σ線了。

10.31
10.30

範例圖七　保力加配合75MA操作 (台指期 2011年9月～11月日K線)

75MA是強力的壓力線，在下降趨勢中遇到高點是放空的機會。

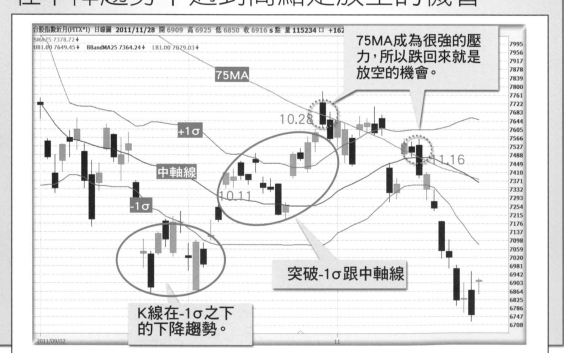

75MA成為很強的壓力，所以跌回來就是放空的機會。

75MA

+1σ

中軸線

-1σ

10.28

10.11

11.16

突破-1σ跟中軸線

K線在-1σ之下的下降趨勢。

不是因為上升趨勢就馬上買，
下降趨勢就馬上賣，
而是要確認支撐線、壓力線之後在高價
賣，在低價買。

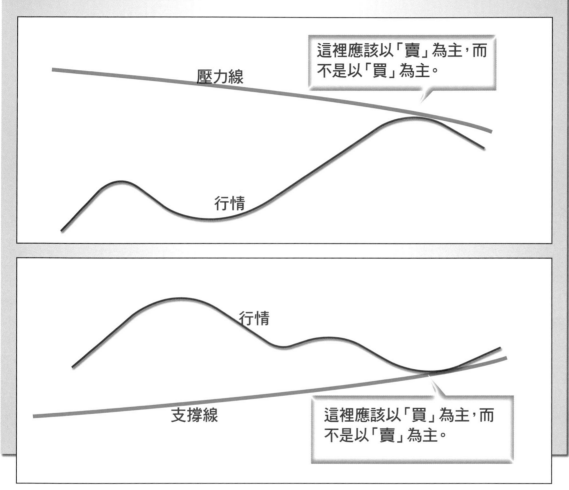

像這樣，經常去確認目前的支撐線或壓力線在哪裡，對我的操作而言是相當重要的一個關鍵點，早期我完全不會找支撐線與壓力線，所以吃了很多虧。這個做法的優點是可以避免發生最壞的狀況。例如，行情連續出現許多陰線，然後再連續2-3根陽線，看到這裡就以為是上升趨勢而進場並長期持有倉位，這種交易方

法通常是初學者常犯的錯誤。因為，這樣的陽線只是短時間的上升，以結果來看往往還是下跌最後導致大虧損。問題就在應該賣出的點做買進動作，通常這種情形下買進的點就是最高點。

台指期市場的鐵則是低買高賣、高賣低買，所以在高點附近買進的話一定會虧損。可是，如果事先意識到那裡是「有壓力」的地方就比較不會犯這種錯誤。因為買進點或賣出點往往都出現在支撐線或壓力線附近。正確的做法應該是下跌的時候稍微往上，最後回到壓力線就賣出，如果是超過壓力線快速上漲的話再買進會比較好。

我所說的壓力線跟支撐線效用，假如在日線上判斷不容易的話，也可以改用1小時線或15分線的圖來看，找出相同價格附近的支撐線。因為短期的線多數會比長期的線更能提早反映。

▶ 成熟期

找到合於自己的交易機制，有紀律的操作，並留意資金控管！

在期貨交易的經歷中，最想跟初學者分享的是「停損的重要性」跟「如何強化精神力」。投資人在一開始時，要掌握的不是勝利的方法，而是不輸的方法。這也是我當年還是初學者時沒有做好的兩個重點。我也是在克服了這兩點之後，才能有現在悠哉的生活。

首先，我認為實際上要做停損需要很大的勇氣，如果沒有強韌的心志是沒辦法確實做好的。所以要鍛鍊精神、培養堅強的意志，並且要遵守自己所設定的停損規則，這樣才能防止大的虧損。

初學者經常追求獲勝技術法，但我要強調沒有大的虧損才是重要。「損小利大」對於投資者來說才是最理想的操作模式。雖然我現在操作技巧進步，目前已經可以不限制自己的交易口數，但是在初期，我的交易口數是固定的。在此，我也建議初學者，在可以穩定獲得利益之前，不要變更交易口數。為了增加利益，增加口數是一個最簡單也最快速的辦法，但是相對來說，損失也可能增加，所以我認為初學者有必要在熟練之前用固定的口數進行交易。另外，進入實戰前最好先從模擬練習中學習縮小損失，特別是停損。

■ 先練習停損，再學習獲利技巧

以學習滑雪為例，雖然想學滑雪的人腦中總會浮現滑雪者優雅的滑行，但第一次上場總得先學會「停」的方法，接著再想到如何「轉彎」一步一步的朝優雅滑雪邁進。因此，我建議投資人要先熟練停損的方法之後，再開始學習勝利的方法。

一開始，最好把目標放在每個月有100~200點的利益，若交易成績可以持續

就差不多可以進行真實交易了。而且，我建議剛開始時用2口小台指交易就好。那是因為在模擬交易中再怎麼厲害，到了真實交易之後受到的打擊是不一樣的。正是因為用自己的錢來交易，所以必須先熟悉用安全的口數來交易。先從模擬交易的結果來驗證自己是否已經夠資格上場並且從中獲得信心，如此一步步的設定目標並完成之後才能代表在台指期交易上真正的進步。

這幾年我所見過在台指期上成功的朋友有不少(當然，失敗又受了重傷被迫遠離市場的也很多)，我覺得操作那麼短的商品且風險又高，投資人找到屬於自己的交易風格非常重要。我不反對「模仿」，但「模仿」應該都是初級階段，等到某個程度之後，一定要很清楚自己的風格與盲點，這樣才能成功。

以流行來說，你把幾家名牌都搭在身上，通常會非常難看，但只要找出合於風格的造型，即使服飾不昂貴，也能穿出很有品味的風格。每個人的生活習慣、思考模式、對台指期的熱情、可交易的時間都不同，因此，同一種方式不可能適用所有的人。自己適合的方式只有自己才會知道。所以初學者應該要審視自己做台指期的目的、原因，找出自己的交易模式。

我的建議 找出適合自己的交易方法

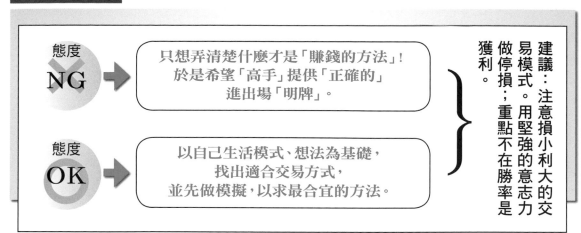

態度 **NG** → 只想弄清楚什麼才是「賺錢的方法」！於是希望「高手」提供「正確的」進出場「明牌」。

態度 **OK** → 以自己生活模式、想法為基礎，找出適合交易方式，並先做模擬，以求最合宜的方法。

建議：注意損小利大的交易模式。用堅強的意志力做停損；重點不在勝率是獲利。

我的建議 從較少且固定的口數開始

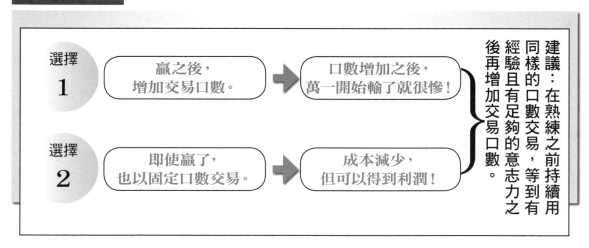

選擇 **1** 贏之後，增加交易口數。 → 口數增加之後，萬一開始輸了就很慘！

選擇 **2** 即使贏了，也以固定口數交易。 → 成本減少，但可以得到利潤！

建議：在熟練之前持續用同樣的口數交易，等到有經驗且有足夠的意志力之後再增加交易口數。

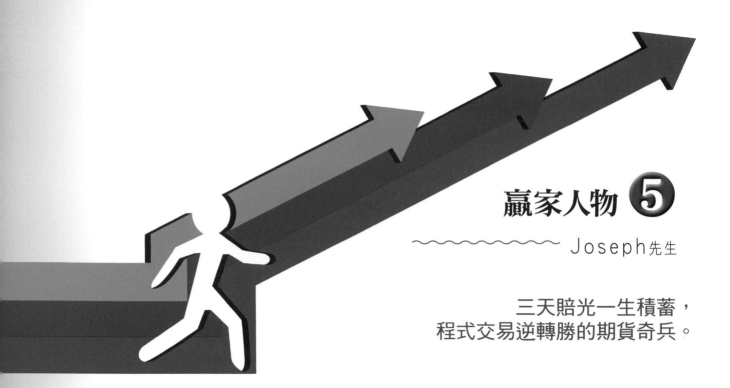

贏家人物 ⑤

Joseph先生

**三天賠光一生積蓄，
程式交易逆轉勝的期貨奇兵。**

Joseph急切的想傳達一件事：

書讀得好的人別以為有優勢（或說「輕易」）戰勝交易。

Joseph的人生，

若沒有曾上過期貨的這堂「跌倒課」，

可能一輩子都誤認「書本/學歷」能解決所有問題。

交易只有贏家，沒有專家。

想成為這一行的贏家，

非得找出自己的「成功模組」不可，

他從破產谷底躍升高手，

就是善用他程式設計的背景與面對問題不放棄的精神。

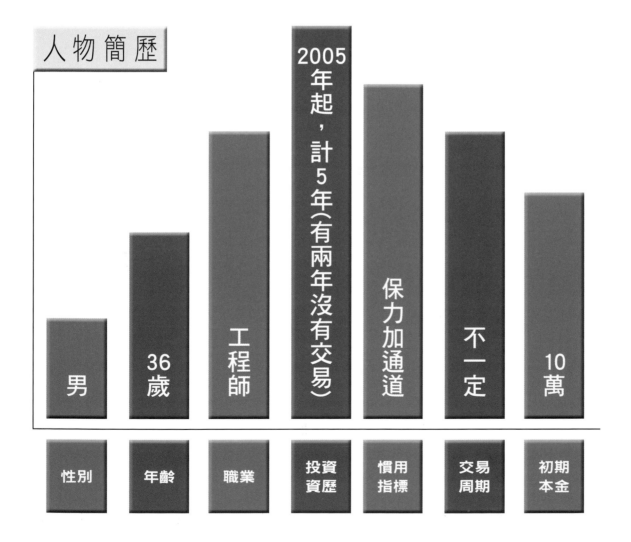

人物簡歷

性別	年齡	職業	投資資歷	慣用指標	交易周期	初期本金
男	36歲	工程師	2005年起,計5年(有兩年沒有交易)	保力加通道	不一定	10萬

投資績效

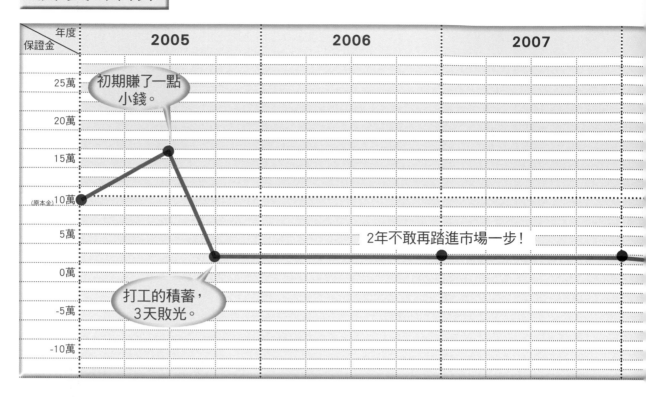

投資經歷

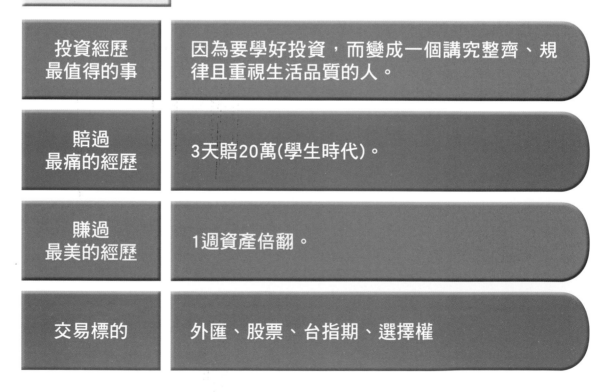

投資經歷最值得的事	因為要學好投資,而變成一個講究整齊、規律且重視生活品質的人。
賠過最痛的經歷	3天賠20萬(學生時代)。
賺過最美的經歷	1週資產倍翻。
交易標的	外匯、股票、台指期、選擇權

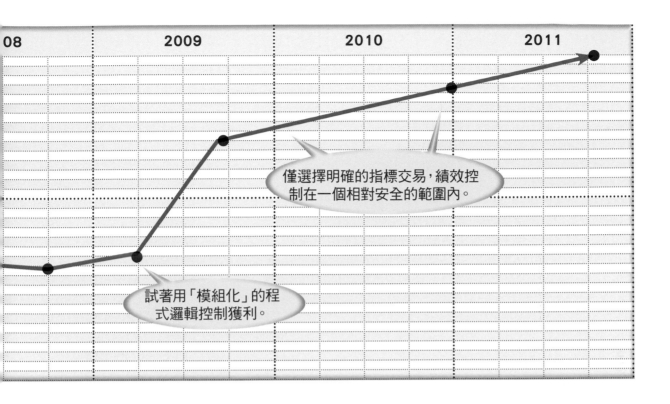

蛻 變 歷 程

菜鳥期	本金10萬從中拿了3萬6拜名師，但最後的結果卻是賠光所有錢，幾乎到了睡路邊當流浪漢的地步。
學習期	Joseph重回市場，了解到策略比技術重要，並大力採用保力加通道指標重新出發。
提升期	以「模組」為方向，致力開發兼顧風險與報酬的交易系統。受訪時，他也提供部份的研究心得。
成熟期	相信數據、重視邏輯，但Joseph認為，市場永遠不可能讓你摸透，因為那是「神」的勢力範圍，應尊重市場。

▶ 菜鳥期

本來想靠期貨「打工」賺生活費，所以按聯考的規格認真讀書、拜名師、小心操作，但一次的失誤只用了3天，賠光一生積蓄！

2005年，是我的「期貨元年」。當年，我還是個研究生，同學們大概都在外面打工或是幫教授做一些助理的工作，我當然也想有一些收入，但實在不想把時間花在處理那些很制式的工作，所以，我就利用身邊的10萬元，開始投資。

10萬塊能做什麼投資呢?

記得那天在我書店晃來晃去，突然看到一本投資理財雜誌，以前我從來不翻閱過這一類的雜誌，但那次不經意地把它拿起來翻一翻，裡面就介紹了一種投資方法叫「台指期」，我很認真的把它看完，心想，就是它!

■ 本金才10萬我卻不惜重金，拜名師學期貨就花了3萬6

之後，我就開始在圖書館把我能找到台指期、股票能借得到的書都看過一遍，接著再上網找資料，忘了「研究」多長的時間，總之，那時候我得到一個初步的結論－－期貨賺錢很快、風險很高，不能隨便就操作，一定要先有所準備。

現在回想起來，我那時候的觀念還滿正確的。不過，再想一下，其實觀念是正確了，但做法不怎麼正確。這是後話。

總之，我在預算不多又沒有任何投資經驗前，把做期貨這件事像考聯考一樣，先花了一筆3萬6千塊錢的「補習費」，在某一位「老師」的教室裡上了一陣子課。

前面第一個月，一方面是「有補習有差」再加上運氣不壞，操作也很順利，

很快的就有一大筆獲利，不過，因為每一筆交易都是在不怎麼確定下進出，那種高壓常讓我反問自己，這就是我要用來做為「打工」的方法嗎？

記得那時候有同學問我，做期貨好像可以賺很多錢之類的問題，我一概告訴他們，期貨不好做。其實我那時候反而羨慕同學可以悠哉悠哉打工。我一直覺得自己所用的方法，是有可行之處，但總是覺得很疲勞、壓力很大，不管賺或賠，收盤後，有種「虛脫感」，也說不上什麼地方不對，或者說，自己知道有些地方是應該改進，但因為操作還算可以就沒有非常在意。

■ 聰明一世糊塗一時，賺了幾個月卻只3天就賠光一切

初入期貨這行我的錢有限，本金10萬塊，去掉學費3萬6再加上買書的錢，一開始最多就是2口小台指，可是對學生來說，這是很大的一筆錢，當初的目標是，只要我能每個月賺進跟同學打工一樣的錢（約2萬元）我就滿足了。

這樣的目標，第一個月、第二個月我都達到了，但好像在第三個月（或第四個月）災難發生了，一個行情看錯，又很不自量力的留倉，才兩天時間，我就被斷頭了。

快20萬元的保證金，3天時間只剩下2萬多。若不是室友即時的提醒，要我得留下錢繳房租，很有可能本來生活還過得不錯的我，就這麼幾天的犯錯，將面臨被房東趕出去連便當都買不起的流浪漢生活。

就那麼一下子，我關掉電腦，一個人在羅斯福上來來回回走了大約有50次，從中午走到深夜，除了走路走路，我不知道可以把心放在那兒？把身體放在那兒？那時候的感覺是：好不真實，這一切都不真實，從去券商那裡開戶、出金、入金、上課、在網路上和人討論、交易……整個都像一場夢，完全的不真實。

「我不是很驕傲的在網路上『教訓』人家，一定要看書、一定要找有經驗的老師上課、一定要停損……嗎？」在街上，我一直反問自己「為什麼到頭來，我的下場卻是如此悲哀？」

一方面是錢不夠了（這是最大的原因），二方面，也剛好有課業壓力，那次

重挫之後，有很長一段時間離開市場。

接著學校畢業、順利找上工作，在穩定了一段時間，有一天我又走在羅斯福路上，當時，就有那麼一個念頭：原來，我失敗在沒有明確的交易規則！

■ 舊地重遊，我的「與期貨對話」

「有啊，我有交易規則。」我自問。

「但你沒有持續！」我回答。

「因為我沒有極大的信心，所以，我才沒有１００％守規則。」我反駁。

「那你應該找出讓自己很有信心的規則。」我再問。

「豬頭啦，期貨根本就沒有那種１００％會獲利的方法」我回答。

「所以，意思是，若再回到市場，終究還是加入一場賭局？」我再答。

「若交易的方法，可以經過反覆驗證，在機率與獲利率的搭配上產生出一個合理的值。而這個反覆驗證，也驗證到讓自己極度有信心，因為很有信心，所以很自然的不用什麼耳提面命、貼小紙條之類的提醒，它就內化成你的習慣，那麼，你就成功了。」我說。

……

建立規則最重要！

一路的自問自答，我好像突然弄懂點什麼東西，雖然還是有點模糊，但可以知道的是，過去，我太把焦點放在懂很多交易的技術，比方說，掌握買點、賣點、看盤功力、準不準之類的事。

期貨獲利跟「技術」沒有太大的關係，它跟「規則」比較有關係……。

回家後我重新回到市場，但不是真的市場，而是花很多時間做模擬交易。在模擬交易中，我不斷的對我的交易方法、勝率的計算反復檢驗、測試，一方面是找回信心一方面也是磨練經驗。

除了這一點體悟，接著，我還看到我過去的一項錯誤，就是我早期的交易沒有控制交易次數。

「槓桿」和「停損」是什麼關係？

期貨說是投資，但事實上它更是一種投機，最終來看也算是賭博的一種。所以必須明確把握每次的勝負，包含成本自己會花多少錢。也因為這樣如果槓桿高（一次下很多口）的話，就應該要把停損的幅度縮小，每次交易輸的風險就可以縮小在一定的範圍內。

這是決定槓桿與停損幅度的規則。

簡單的說，在有信心的時候增加交易的口數，並且把停損幅度縮小；但是在沒有信心的時候，就減少交易口數，並且將停損幅度擴大。

也就是說，如果用比平常還大的交易單量交易時，若你所設定的停損幅度也跟平常一樣，那麼，只要輸1次就會產生大虧損。也會對以後的操作帶來負面的影響。

還有，就是交易次數太多也會使人不能像計畫的那樣賺錢。我認為，初學者最好先1天做1次交易就好。因為對投資人來說，期貨可以掌控的東西很少很少。

失敗檢討 以前操作期貨失敗的2個原因

這是錯的觀念！

沒有深刻的考慮交易規則

不清楚設定交易守則意義，
也不清楚
對自己操作的期望值。

這是錯的觀念！

沒有完全清楚槓桿與停損

沒有考慮槓桿的危險性
及利用停損以限定損失。
只想到槓桿會增加獲利。

■ 我想通了：技術不是獲利關鍵！

初學者常犯一個迷思，我們以為我們會看均線、會看成交量、會看匯率、會看K線，會看最新的消息……，我們好像以為自己擁有的「武器」很多。錯了！在價格的波動中，那些「武器」跟市場相比完全不算個東西，唯一可以掌控的，只有投資人每次交易多少口、每天交易多少次而已。

減少交易，就減少投資成本。

最初做交易，我的操作可以說是沒有範圍，只是照書上寫的方法去做。例如，只要看到黃金交叉出現就買進。確實，許多人應該都有這樣子的經驗，當移動平均線發生黃金交叉時行情就會上漲，但事實上，下跌的機率也很高。

為什麼？當時我並未考慮何時黃金交叉是有用的？何時是沒有用的？只全盤接受獲得的資訊。這是不對的！

失敗檢討 初入門時錯誤的想法與做法

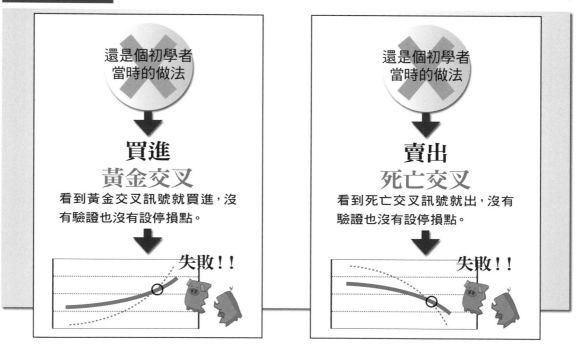

操作期貨獲利的人有各種各樣，比起要用甚麼方法比較好，不如說找到適合自己的方法更能夠接近勝利。另外就是當時我的操作彈性也不夠。例如，我會用

一套同樣的方法既操作台指期也操作電子期跟金融期，這種一體適用的交易通則，並不正確。不同商品都有不同商品的特性，看起來很像，但他們不一樣。

■ 上網與投資人交流，是技術提升的重要關鍵

獲利，最有效的就是跟實際已經在操作期貨的人學習(但初學者也一定要小心，不要在網路上被詐騙了)。找老師學基礎是基本功，它可以縮短學習期，但只有那樣是不夠的。

我觀察過，喜歡操作期貨的人，有一大部份是不喜歡與人接觸，或者說，討厭人際關係討厭應酬的人。但是，這是不行的。操作期貨可以很孤單，但要提升技術一定要想辦法參加各種研討會、網聚，有機會的話，聽演講、和知名的投資者、作家聚會，有助於提升自己的實力。

有一段時間，我對自己的交易還滿「臭屁」的，但有了一次跟知名作者座談的機會，我的衝擊很大，因為我發現操作股票、期貨很成功的人，他們都是很愛學習、重視提升，也不避諱會向別人請教。例如，有一次跟某位知名股票作者見面，他還很大方的讓我看他的交易筆記，甚至說即使他不斷的改進交易技術，但真正交易時還是會「卡卡」。

擺脫菜鳥 脫離初學者所做的事

與成功人士交流
接受建議、提升交易技術

為什麼指標會不準呢?

參數設定方面，也許參考成交量改變。

像這樣，一邊持續的檢驗交易守則，一邊讓自己持續成長，找比自己程度好的投資同好切磋，我覺得是很重要的事情。總之，投資者很忌諱陷入「孤單」。

當然我所建議的，絕對不是那種找人拚命問行情類型的，若是找人問行情，或是完全聽命別人對行情的觀點，那就一點也不可取，甚至應該完全避免。我這裡所指的，絕對不是鼓勵讀者在網路上與銷售軟體或是用即時通報行情之類的做互動(原則上，我個人並不建議，因為股票可能還有選股的問題，但期貨並沒有辦法跟隨別人的研究操作)，而是要找到能在技術與操作手法上，可以互相提升的朋友。

▶ 學習期

績效不穩因為我沒有找到合用的指標。保力加通道對我是很優的指標，之後，我就只看圖形漂亮與否交易！

人的行動受什麼影響最大呢？當然是心理。心理是因，行動是果，因此，在選擇技術分析的指標上，我偏向從最熱門的，也就是大家都熟知的技術指標，而捨棄冷門的技術指標。

■ 比較各種指標後，我選擇保力加通道為主要參考

我最常用的技術指標工具是保力加通道（Bollinger Bands）其中，特別重視移動平均線的反彈力量。所謂反彈力量就是：將移動平均線視為支撐線、壓力線的作用力。例如，上升趨勢時我會觀察移動平均線與Bollinger Band+2σ間的動態。

即使是像MACD那樣比較受歡迎的工具，基本上也是使用移動平均線，並且MACD的黃金交叉跟死亡交叉也經常成為買賣訊號，但是比較來說，我個人認為，用MACD在期貨操作上，訊號並沒有很明確，所以，使用起來就比較沒有信心。我不喜歡這樣不明確的工具。相對的，我認為用保力加通道（Bollinger Band），進場時機、出場時機的點都很明確。

至於在參考移動平均線時，我特別重視均線的斜度。因為從傾斜的角度可以看出市場的趨勢。

其次我也區分交易時間。例如，除掉初開盤和收盤前之外的「一般時間」，行情要突破壓力或支撐力道通常比較小，一般時間裡，行情經常只會在保力加通道與移動平均線之間單邊徘徊，但剛開盤後與收盤前，成交量比較大，行情動能大、K線長，移動平均線就經常會被突破。

■ 以「圖形漂亮」為選擇重點，交易標也變多樣

　　另外，脫離菜鳥交易期所做的事就是不拘泥只做台指期，也包含操作金融期、電子期與股票。

　　以前我只看日線跟小時線。但是後來我發現，只看這種時間線經常跟交易守則無法配合，即使想要操作也沒辦法。所以，後來我改看5分鐘線1分鐘線，外加60分鐘線、10分鐘線。

　　在交易標的選擇上，我沒有固定商品，而是配合實際狀況。通常是以圖形為主，看那一種商品當時圖形走勢是我最有把握的，我就以它當成交易標的。近一、兩年我也做很多股票，只是持有時間都不長，大約是一週以內。

　　原則上，我不太看新聞，因為經驗告訴我，自己常被新聞左右了判斷，這樣反而難以獲利。

　　不管是選擇標的還是線圖，都學習不要束縛自己，以提高操作的彈性。

擺脫菜鳥 我對行情的觀察

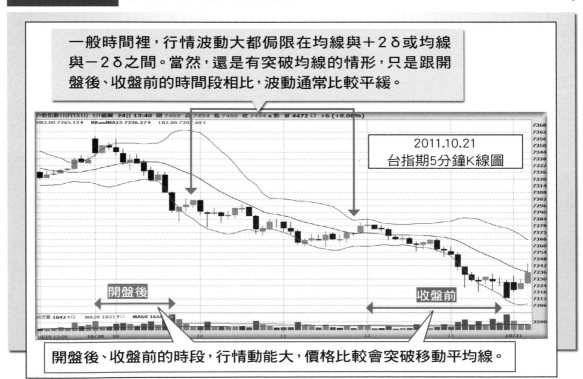

一般時間裡，行情波動大都侷限在均線與＋2δ或均線與－2δ之間。當然，還是有突破均線的情形，只是跟開盤後、收盤前的時間段相比，波動通常比較平緩。

2011.10.21
台指期5分鐘K線圖

開盤後　　收盤前

開盤後、收盤前的時段，行情動能大，價格比較會突破移動平均線。

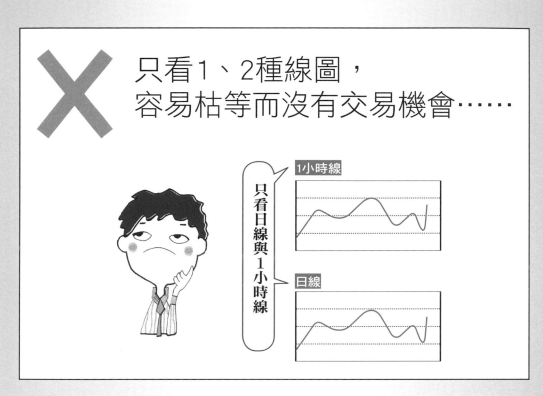

✕ 只看1、2種線圖，
容易枯等而沒有交易機會……

只看日線與1小時線

1小時線

日線

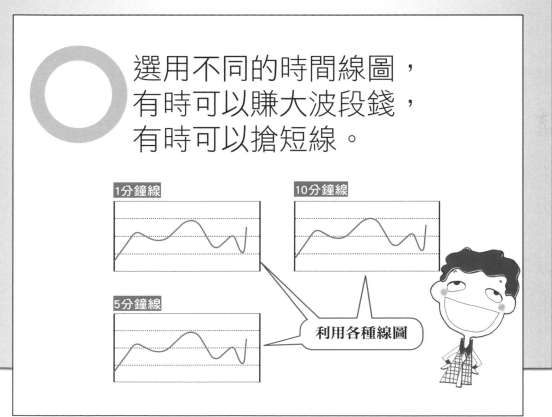

○ 選用不同的時間線圖，
有時可以賺大波段錢，
有時可以搶短線。

1分鐘線

10分鐘線

5分鐘線

利用各種線圖

■ 我的「不操作守則」

跟設定操作守則一樣，我也設定了不操作的守則。我認為嚴格設定不操作的守則，也是勝利的關鍵之一。

當家人身體不適、工作很多，沒辦法盯盤的時候就不操作期貨。這個設定是以家人為第一重要，還有就是自己身體不舒服的時候絕對不操作。

「就算是像李佛摩那樣的交易超人，若說他在黑暗空間裡看盤，身體還感冒頭痛，大概也不會贏吧」我總是這樣子想。

因此身體狀況不好，判斷力會遲鈍，對市場的急速變化就無法及時做對應。這一個守則是我在檢視績效時所歸納出來的，我發現自己身體不舒服時，經常都發生很大的損失。甚至對於我來說，天氣也是很重要的因素。天氣晴朗時我的獲利狀況都不錯，可是碰到下大雨時我往往會偏頭痛，所以操作情緒就不好。最後操作交易的還是人，以我來說是絕對不會想在天氣差的時候處理大筆交易單的。

以上是我自己歸納的「不操作守則」，但我相信不是每個人都一樣，我也碰過那種「只有在逆境才能發揮實力」的人，像我一位好朋友告訴我，當他面臨到斷頭危機時，總會很神奇的「逆轉勝」，反賺進一大筆錢，為此，他總把保證金壓縮到很小的部位，且一有獲利就讓家人強制把獲利部份出金，但是，我認為那是極少數的天才才能辦到，至少我完全不行這樣，我總要在一切生活都很ＯＫ，保證金也很充足的情況下才能冷靜思考，嚴格說來，我是那種完全無法忍受生活失序下還可以操作期貨的人。

從技術面來說，價格變動與25MA的關係性如果不好，原則上我絕對不出手。

具體來看，只要是Ｋ線的影線在25MA的圖表沒有明顯的趨勢時，就不進場操作。

但是相反的，當Ｋ線接近25MA，在交叉之前方向變換，感覺到阻力時，我就喜歡那樣的操作機會。

嚴格設定操作的守則、不操作的守則，並且切實遵守就是我的交易風格。

而設定這些守則的根本就是停損的幅度。以前我決定守則時，只想到利益。但是從經驗與不斷試算的結果，我發現即使利益很小、勝率很低，但如果可以控制損失，整體算起來還是贏的。

操作守則 四條只有適合我的交易規則 ────────

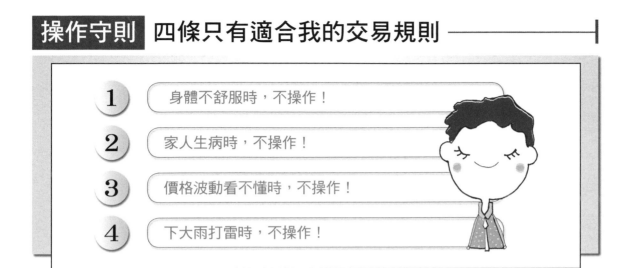

1. 身體不舒服時，不操作！
2. 家人生病時，不操作！
3. 價格波動看不懂時，不操作！
4. 下大雨打雷時，不操作！

▶ 提升期

不喜歡指標用起來模模糊糊的，我的目標是讓指標的解讀可以模組化，我喜歡保力加通道！

我 喜歡使用多人使用的工具，這樣最容易反映出市場心理，其中我最重視的是保力加通道。

另外，最常參考的還有趨勢線、支撐跟壓力。並且我會在日線、周線、月線圖表上畫出這些技術線。判斷底部、頭點的基準就是：當超過趨勢線、支撐線、壓力線之後，是否具有支撐或壓力的功能。

■ 保利加通道，我的看盤方法

讓我開始穩定賺錢的指標，就是保力加通道。

如何使用保力加通道呢？

基本方式並不難－－

也就是 K 線在移動平均線(25MA；也就保力加通道的中軸線)上的話就是上升趨勢，在下面的話就是下降趨勢。

另外一個判斷趨勢的標準就是移動平均線的傾斜度。

看移動平均線往哪個方向傾斜來做為趨勢的判斷，往上的話是上升，往下是下跌，如果橫向的話就市場盤整。當市場盤整時，移動平均線（這裡指的是保力加通道的中軸線）是不具有支撐線或壓力線的功能的，所以，當移動平均線幾乎是水平時，行情只是在$+2\sigma$與-2σ之間變動。

相反的，如果在價格有動能朝某方向變動的話（也就是「出現趨勢」的情況下），移動平均線的傾斜程度就會很明顯，並且發揮支撐或壓力的力量。我在這個基本法則中發現了可靠度很高的分辨方法，所以將賺錢的操作方法模組化。

■ 不要死板的只看+2σ與-2σ

以下舉實際的例子來說明我如何模組化－－

以買進為例，首先，我針對移動平均線的傾斜度和K線的位置先判斷現在的趨勢是上升的。接著，在上升趨勢時的低點買進。

那麼，如何判斷它是「低點」呢？

買進的位置是K線先碰到+2σ線再碰到移動平均線的時候（如果沒有碰到+2σ，表示上升的能量還不夠，可靠度就不高）。碰到+2σ之後掉下來，K線要先碰觸到移動平均線，在有了「第一次接觸」之後，接下來的那根K線的開盤價若在移動平均線之上的話，就立刻買進。

■ 保力加通道的中軸線，是否已具有支撐或壓力非常重要

我的方法是不去看還在波動中的K線。而是確定移動平均線已經充分具有支撐線或壓力線的功能，也就是，當評估行情將上漲的話，我會買在K線在移動平均線之上開盤的地方；當評估行情將下跌的話，我會放空在K線在移動平均線之下開盤的地方。

決定進場的條件還有一個：考慮K線跟±2σ線的距離是否滿足目標價格幅度。

之前提過，我是以停損幅度為基準決定獲利幅度。也就是要在哪裡設置停損決定了實際上是否要進場。

如果以上升趨勢為目標，就在移動平均線下方的K線影線開始時做停損。要在這個基本守則上再加強的話，價格波動是否「動能很大」也很重要。

例如早上開盤後、中午收盤前動能通常比較大，我就會設定比較大的停損點，以台指期為例，若我一般設20點，在那種行情波動大的時間交易時我就會設到30點。因為在行情波動大的時間帶，若停損設得太淺，一下子就會碰到我所設的停損點。

用這種方法進場之後，基本上停利點設在到達±2σ的地方。但是如果是行情波動大的時間段，價格往往不會「就此打住」而是高點(低點)一直不斷的創波段新高(新低)，那麼，我就會參考更長一點的K線圖，例如，本來我用5分鐘線看盤，就會把10分鐘拿來看一下，看看在10分鐘線行情強度的表現如何？

以10分鐘線來看，它行情的位置如何？

是在初升段?還是末升段?

再決定是否要很快的停利出場，還是繼續持有部位。

原本就會使用保力加通的讀者可能會問，保力加通道中除了±2σ線，之外，有些看盤軟體還可參考±1σ、±3σ，應該如何運用呢？

我是完全不看±1σ、±3σ的！

理由是±1σ、±3σ我認為參考性比較低，同時為了不要顯示多餘的線而讓畫面看起來太複雜，所以我只看±2σ線。如果進場後波動趨勢不如預期、達不到設定的價格幅度，我就會立刻結算出場。

唯一的例外是，在價格與成交量都比較大的開盤後與收盤前，因為可以期待波動加速的關係，所以我會觀察一下狀況再做處理。

交易密技 我所採用「模組化」的指標重點

重點
1

以保力加通道
+2δ、−2δ
、移動平均線
為基準目標低買高賣

重點
2

價格波動大時以
短期線基準
追求最大利潤

■　使用保力加通道的兩個細節

　　前文摘要我原則性的操作手法，此外，我還有一些交易守則的細節，例如－－

　　1.買進後，出現上影線的話就停利（若不懂為何出現上影線要停利，請參考「股票超入門6－－ｋ線全解」一書；249元／恆兆文化出版）。

　　2.在上升中，連續幾根陽線之後出現陰線；下降中連續幾根陰線之後出現陽線時也要注意。這通常表示趨勢改變，所以可以先退場觀察。

■　使用保力加通道的四個範例

　　一直很重視進場價格的原因是因為，進場價將做為決定停損的基準。進場價出現在移動平均線上方，表示判斷為進入上升趨勢的時間點，所以，當下一個K線出現在移動平均線的下方時，就可以視為判斷失誤，應馬上做停損。

　　用實際的圖表來確認這個方法的有效性。

　　以2011年10月20日的台指期5分鐘K線為例（見範例圖一）。

　　首先觀察的是保力加通道中間的移動平均線。從9點20分跌到移動平均線之後，行情開始明顯的右肩下跌，可以很明確的判斷為下降趨勢。9點35分，行情下跌碰到-2σ線，可以判斷為賣方壓力很強。跌勢繼續加強，甚至跌出-2σ線之外，說明跌勢很強，接下來的將近2小時，行情幾乎是沿著-2σ線持續向下。

　　在遇到這樣的行情時，有時候我會轉向不同的時間線操作，但因為同時間的其他的時間軸(如10分鐘線上)也看不出很明顯的趨勢，所以還是持續用5分線來操作。

　　雖然看起來下跌的趨勢很明顯，但我不會在行情第一次碰到-2σ線就進場，我一定會先確認賣方壓力的強度之後，再進場，也就是，在第一次碰到-2σ線之後，反彈的K線第一次碰到移動平均線，看它的下一根K線的開盤價是否在移動平均線之下，若是的話，就再進場。

這個例子是在11點55分時碰到移動平均線，它的下一根K線開盤就在移動平均線之下開盤，從這裡放空。

12點35分，K線已經點到-2σ線，也是出場的時候了。

有關買進的例子，本文舉的同樣是台指期2011年10月25日（見範例圖二）。當天雖然開盤的第一根K線收陰線，但從移動平均線來看，仍是上升趨勢，不久之後，行情就上升碰觸到+2σ線，從這裡可以推斷，目前行情上升強度不弱，此時，我會盯著行情，等待K線向下回檔碰觸到移動平均線之後的反應。

9點30分收了一根陰線，下影線已經碰觸到移動平均線，9點35分開始的K線，開盤價在移動平均線之上，立刻買進。

9點55分，價格已經上升到碰觸到+2σ線，獲利了結出場。

除了這兩個5分鐘的例子之外，另外有兩個例子，分別是10分鐘K線（見範例圖三）與1分鐘K線（見範例圖四）的例子。讀者也可以在你的看盤軟體上，用歷史股價圖測驗看看，應該用那一種時間的K線圖比較適用。

決定進場做多買進的判斷步驟

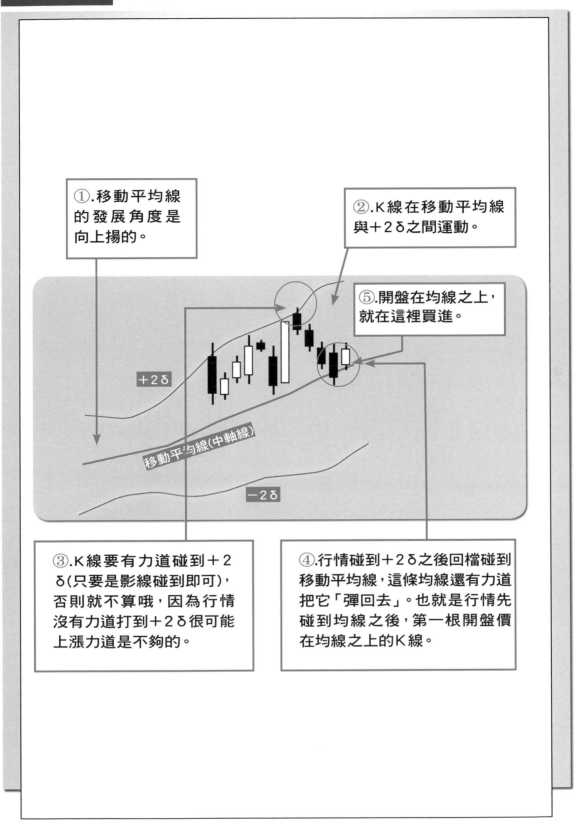

①.移動平均線的發展角度是向上揚的。

②.K線在移動平均線與＋2δ之間運動。

⑤.開盤在均線之上，就在這裡買進。

＋2δ

移動平均線(中軸線)

－2δ

③.K線要有力道碰到＋2δ(只要是影線碰到即可)，否則就不算哦，因為行情沒有力道打到＋2δ很可能上漲力道是不夠的。

④.行情碰到＋2δ之後回檔碰到移動平均線，這條均線還有力道把它「彈回去」。也就是行情先碰到均線之後，第一根開盤價在均線之上的K線。

停利：

以前述方式進場，上升撞到＋2δ就可以決定停利。但不要死背原則，仍應看以下兩種情況進行停利。

情況一：

假設是開盤後、收盤前的時段，可以判斷行情突破性很強，觀察比較長的時間段看看有沒有機會再挑戰更多的獲利。例如，你用5分鐘K線為看盤的主軸，這時候就看看10分鐘K線，看看均線、保利加通道它的行情位置在那裡?如果你是用10分鐘K線為看盤的主軸，這時候就看看30分鐘K線，看看均線、保利加通道它的行情位置在那裡?……依此類推。

情況二：

在一般時段，我會等行情碰到＋2δ之後，若出現陰線就出場。

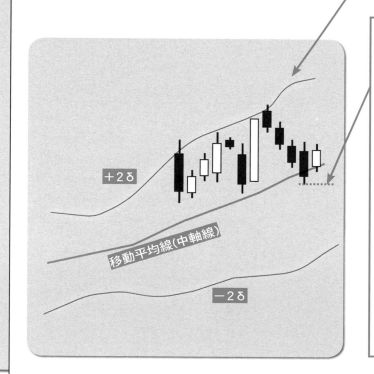

＋2δ

移動平均線(中軸線)

－2δ

停損：

以第一次點到移動平均的那根K線為基準，可以在移動平均線之下的行情做停損基準。但，一般時段停損可以設小一點，在開盤後與收盤前行情波動很大的時段，停損就要設大一點。例如，一般時段若設20點(以台指期為例)，行情波動大的時候可以設30點。

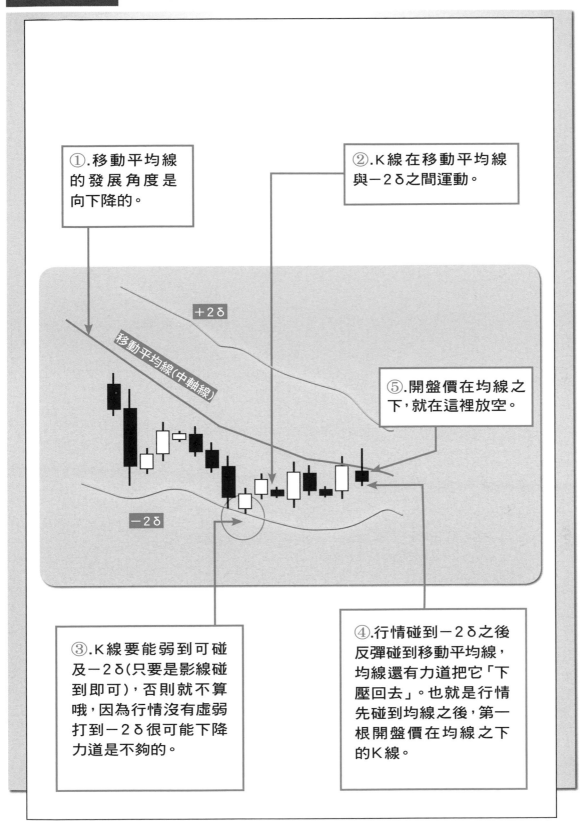

①.移動平均線的發展角度是向下降的。

②.K線在移動平均線與－2δ之間運動。

⑤.開盤價在均線之下,就在這裡放空。

③.K線要能弱到可碰及－2δ(只要是影線碰到即可),否則就不算哦,因為行情沒有虛弱打到－2δ很可能下降力道是不夠的。

④.行情碰到－2δ之後反彈碰到移動平均線,均線還有力道把它「下壓回去」。也就是行情先碰到均線之後,第一根開盤價在均線之下的K線。

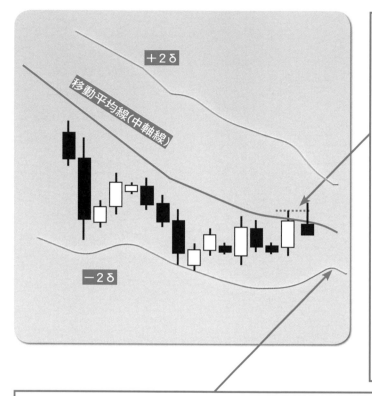

停損：
以第一次點到移動平均的那根K線為基準，可以在移動平均線之上的行情做停損基準。但一般時段停損可以設小一點，在開盤後與收盤前行情波動很大的時段，就可以停損設大一點。例如，一般時段若設20點（以台指期為例），行情波動大的時候可以設30點。

停利：
以這種方式進場，下跌撞到－2δ就可以決定停利。但仍應看以下兩種情況進行停利。

情況一：
假設是開盤後、收盤前的時段，可以判斷行情突破性很強，觀察比較長的時間段看看有沒有機會再挑戰更多的獲利。例如，你如果是用5分鐘K線為看盤的主軸，這時候就看看10分鐘K線，看看均線、保力加通道它的行情位置在那裡？如果你是用10分鐘K線為看盤的主軸，這時候就看看30分鐘K線，看看均線、保利加通道它的行情位置在那裡？依此類推。

情況二：
在一般時段，我會看等行情碰到－2δ之後，若出現陽線就出場。

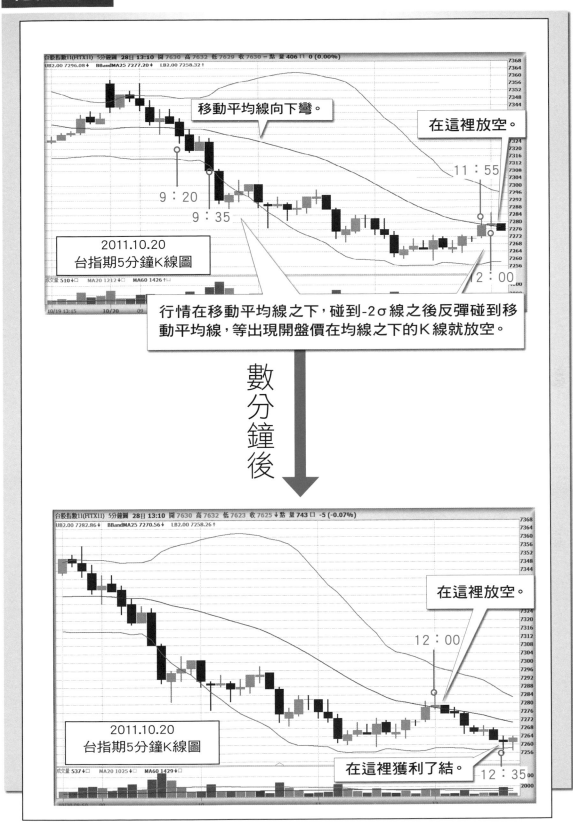

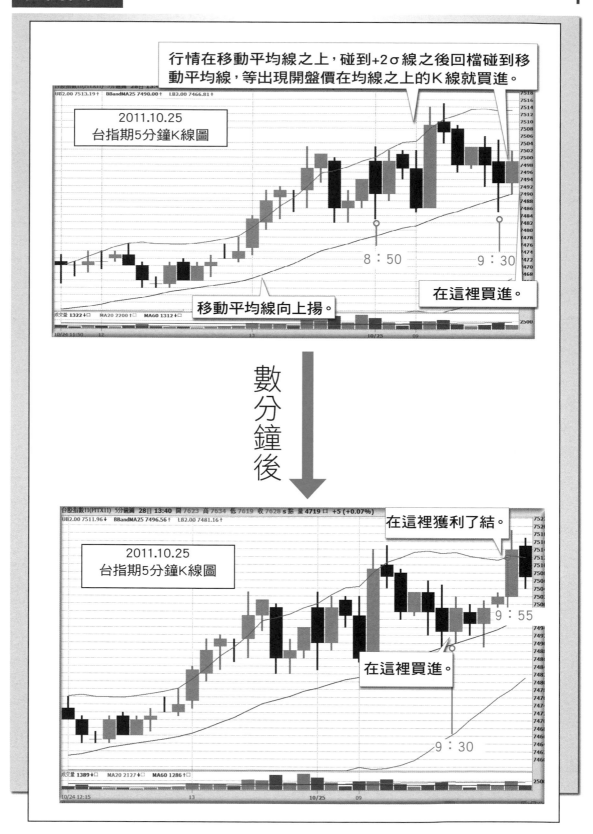

數分鐘後

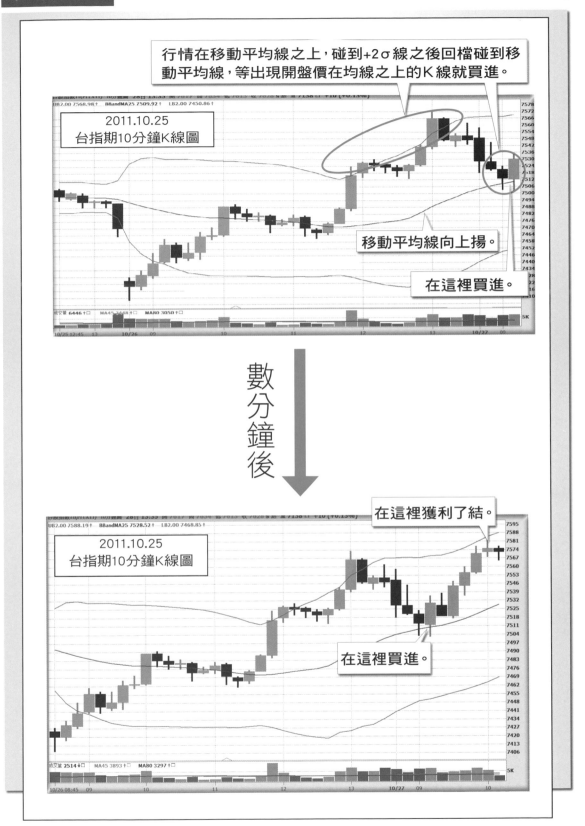

行情在移動平均線之上，碰到+2σ線之後回檔碰到移動平均線，等出現開盤價在均線之上的K線就買進。

2011.10.25
台指期10分鐘K線圖

移動平均線向上揚。

在這裡買進。

數分鐘後

在這裡獲利了結。

2011.10.25
台指期10分鐘K線圖

在這裡買進。

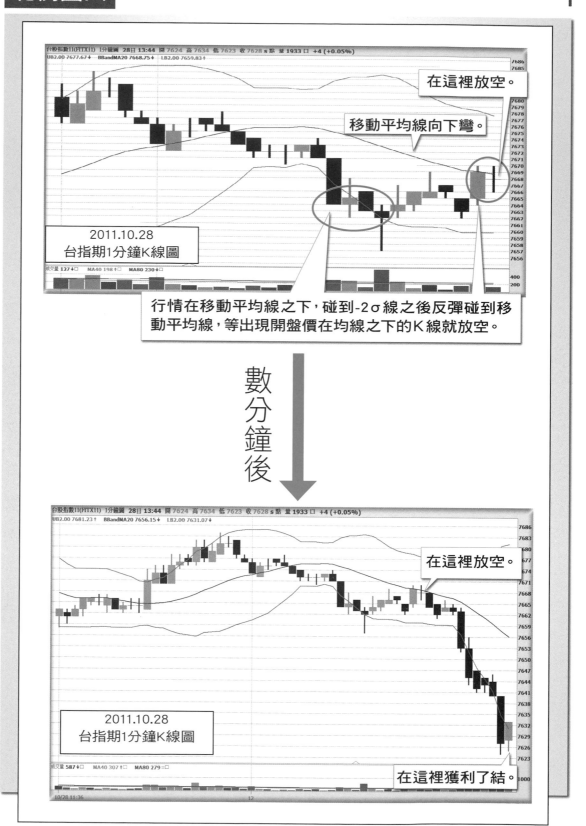

在這裡放空。

移動平均線向下彎。

2011.10.28
台指期1分鐘K線圖

行情在移動平均線之下,碰到-2σ線之後反彈碰到移動平均線,等出現開盤價在均線之下的K線就放空。

數分鐘後

在這裡放空。

2011.10.28
台指期1分鐘K線圖

在這裡獲利了結。

▶ 成熟期

正面的態度、大方的行善、勤於打掃房子、丟掉一直捨不得丟不掉的生活垃圾，並模仿有錢人，對績效提升將大有幫助！

投資交易眼睛看不到的東西才更要重視！初學者可能比較沒有這種感覺，但操作期貨有一定「資歷」的投資人一定認同，可以「冷靜的審視自己」，要比「獲利技巧」更重要。

或許我自己是個比較敏感的人，跟市場沒有直接關係的天氣、健康我都覺得跟交易績效有關，所以，有很長一段時間，我把每天的交易情況都詳細記錄下來，其中包括像是身體狀況不佳、因為某事很忙碌但是還是從事交易、親友生病之類的，不管甚麼都記錄，漸漸的就歸納出那些周圍的事情對交易有影響，一找到對交易有利的因素，就儘量的在那種情況下多交易，若是不利因素，就讓自己在發生同樣情況時控制自己完全不交易，但事實上，這個有點難，因為人常會落在「慣性」裡面，要自己多交易比較簡單，而要控制幾天（甚至只要一天）不交易都得經過很多爭戰。但我想，這是必要的。若投資人不去面對自己的弱點，就會被自己的弱點牽著走。

我認為，金錢會加強人的「特性」，屬於個人特質強的地方，在「金錢」的趨動之下，強的地方會更強，但同樣的弱的地方也會更弱。

我常用那種突然中樂透，卻在短時間花光所有的錢的例子來警告自己。

為什麼突然「暴富」的人無法「致富」呢？

理由就是他已經擁有超過自己能擁有的錢，但是卻不懂管理。所以我想，投資的精神要從日常累積培養，特別是當虧損的時候，更要各方面檢討找出原因，一發現自己的弱點要毫不手軟的打擊自己的弱點。人在面對金錢的誘惑時除了心思要更清明之外，別無他法能獲勝。會這樣子說，是因為我也曾因為在金錢的誘

惑之下藐視市場，覺得自己已經掌握了「獲利之鑰」而被市場狠狠的教訓。

　　人類也是動物的一種，一切行事都受到感情的控制，在投資方面，如果可以控制感情的話，就比較容易做投資的控制。單純的來說，當輸的時候感到痛苦沮喪，當贏的時候就會快樂。正因為情緒影響交易，所以我也學會建立一種複合痛苦跟快樂的關係。

　　例如，當我做完義工、完成打掃房子之後，在期貨市場贏的機會就比較高。正面的想法對於投資致勝是很有用的，以各種積極的想法為中心，遵守制定的交易守則，即使輸了也會產生持續下去的意志力。可能有人會嘲笑我的方法，但對我而言，想辦法保持積極、正面的精神是絕對需要的。

■　模仿成功者、富裕者的生活與行動

　　另外，就是模仿成功的人。

　　我建議初學者應該多模仿成功的人。我自己在初期失敗的時候就很徹底的鍛鍊模仿力。而且要模仿就要儘量模仿得很像，這個道理很容易懂，讀者中間應該有人減肥過吧！在網路或電視上聽到有人減肥成功的案例時，想減肥的人一定會仔細了解，對方從早上起來吃什麼？做什麼運動？遇到停滯期如何度過？我在早期曾經為了提高自己的績效，模仿了一位在期貨交易上很成功的人，當我知道對方常用「整齊法」提高自己績效時，我也模仿著做。原來，那位先生本性上是個非常隨性的人，外出衣著從不在乎，房間也經常亂七八糟的，後來，他經朋友的建議，要思想上、行為上、外表上先像個有錢人，之後才會真的變有錢人，於是，他開始動手整理內務，並把傢飾從便宜的路邊攤貨改成百貨公司的高價商品，衣服、皮鞋也都換成合身、時尚的品牌，當他做了這些改變後，操作績效一飛沖天……。

　　我很欣賞這位朋友的改變，他的確是花了很多力氣，打破自己的「舒適圈」，由外而內藉此提升自己的思考等級。在聽完他的交易心法之後，有一長段時間我偷偷模仿他的所有行為舉止，有時我連與自己的對話都是用他的語氣，最

明顯的改變是，我也開始整理自己的內務，丟掉許多以前捨不得丟的東西，並開始做分類，一遇到交易瓶頸我就放下工作，強迫自己打掃家裡，一邊整理就一邊告訴自己，所有成功人士在生活上都很重視清潔整頓，沒有人在混亂不堪的房間裡做交易，如果東西少、房間整齊乾淨的話即使有突發事件也能夠沉著應付。

　　樂觀看待不好的事情也很重要。這並不是說要忽視那些不好的事情。例如，大虧損的時候，並不是不去看它，而是要明白為什麼會這樣，之後才能不再重蹈覆轍。這種做法在停損的時候是很有用的。相反的，如果賺錢的話也會更加高興，這樣一來就會更加小心努力，希望再次感受到相同的快樂。

贏家建議 先從心理上富裕起來，交易更容易成功 ⊣

在心理上 樂觀，
尊重市場，
對成功抱著希望。

在行為上 成功的人總是
整齊、
有秩序的。

在思考上 做錯時，
只要檢討就好，
不要帶情緒。

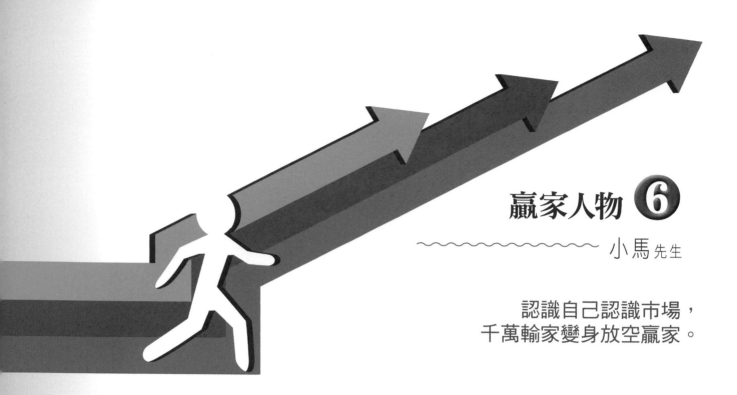

贏家人物 ❻

小馬 先生

認識自己認識市場，
千萬輸家變身放空贏家。

營業員珍珍說，

小馬放空之準常讓人嚇出一身冷汗。

但營業部的人誰也沒有膽子敢跟他的單，

畢竟在低檔區放空就跟玩命沒兩樣。

透過訪問，才知小馬原來是「叔叔有練(賠)過」，

早年曾經慘賠千萬，

養成他不輕易出手的習慣。

他很認真的說：

我捉不準何時人們樂觀，但我知道人們恐懼時的樣子。

他認為要訓練自己了解市場，

得先認識自己。

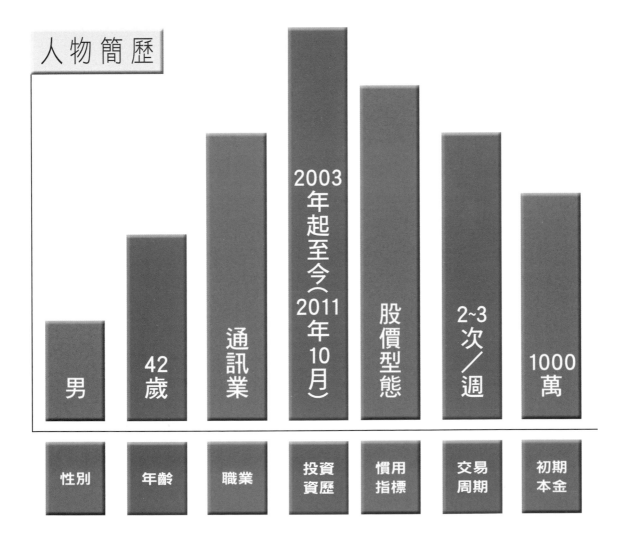

人物簡歷

性別	年齡	職業	投資資歷	慣用指標	交易周期	初期本金
男	42歲	通訊業	2003年起至今（2011年10月）	股價型態	2~3次／週	1000萬

投資績效

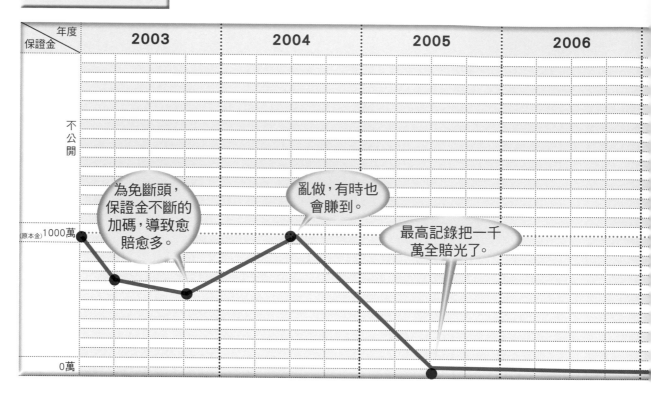

年度 保證金	2003	2004	2005	2006
不公開				
(原本金)1000萬	為免斷頭，保證金不斷的加碼，導致愈賠愈多。	亂做，有時也會賺到。	最高記錄把一千萬全賠光了。	
0萬				

投資經歷

投資經歷最值得的事	失敗了再站起來。
賠過最痛的經歷	1千萬。
賺過最美的經歷	一個月賺進一輛BMW
交易標的	台指期、選擇權、外匯、台股。

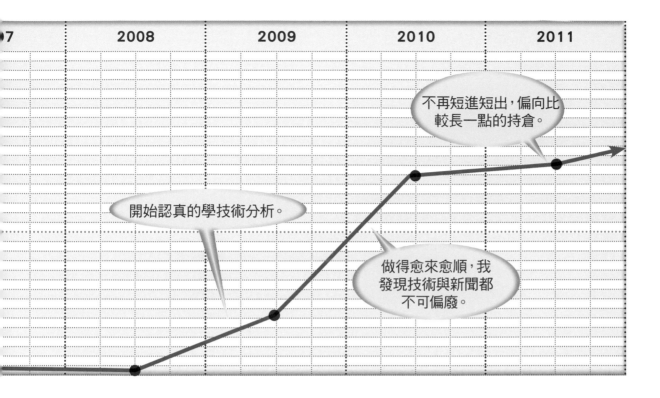

蛻變歷程

菜鳥期	從美國完成學業之後即投入投資的世界，卻在錯估情勢下賠掉千萬本金。
學習期	憑感覺、太天真是投資失敗的主因。反失敗路徑就是「有憑有據」、「有危機意識」的操作。
提升期	掌握台股與國際財經微妙的時間差，運用價格型態，印證他對行情的判斷。
成熟期	交易次數愈來愈減少，且把目標多鎖定在狙擊放空。

▶ 菜鳥期

嚮往如歐美白領一般，工作之餘還可以悠閒度假因而積極投資理財，但卻在期貨市場慘賠千萬，甚至賠掉健康！

大學在美國讀書，畢業回國一小段時間再度到美國工作，婚後才回國定居。為什麼我會先特別提到這一段歷程呢?

因為我個人的觀察，有關投資的見解，國人跟美國人有很大的不同(這僅自己的見解啦，並沒有任何統計數據)，我發現國內很多人認為投資是危險的，但在國外正好相反，他們通常視為理所當然。

■ 不希望一輩子為錢工作，積極投入投資理財

正因為我有很長一段時間曾在美國生活過，所以沒有任何抗拒就開始做投資了。我是從我自己開始賺第一筆錢，就開始研究投資工具，可是我看周圍的華人朋友，有很多人只有銀行存款與保險，而且保險還是在親友的遊說下「亂買」的。

若要比較還有什麼不同。我覺得亞洲人，尤其是像台灣、日本或大陸，大家似乎都理所當然的把工作當成第一順位，但是在美國多數人認為工作跟家庭應該兼顧。我的想法跟後者一樣，所以很想要透過理財，改變過與父執輩一樣的生活－－爸爸叔叔長大後就把精神心力都放在工作而沒甚麼時間跟家人相處。為了實現這個想法，所以我積極的做投資。

但我並不是鼓勵所有人都跟我一樣，因為在個性上我是真的比較喜歡有衝勁、有活力的生活，缺點就是我也有「賭性堅強」的一面，總喜歡選擇風險大的投資工具。我也常在想，我每次都說想靠著投資多賺一點獲利，可以把時間挪出來陪家人，或許也是一種「藉口」，因為真的去做投資之後，你才發現，這一

「行」是最沒有時間陪家人的。

我的投資是從股票開始的，大約很專心的做了一年，那一年賺了一些錢，之後才開始做期貨。

跟股票比起來，期貨的優點是交易從很小到很大都可以，而且適合短進短出。但是回顧以前，當時的想法太天真了，所以最後的結果是慘敗結束。連同股票賺的錢，加上積存的生活費用總共損失近千萬。

轉做期貨之初，以為只要讀幾本期貨相關的書就會賺錢。「只要按照書上寫的就不會輸吧！」我當時很單純的這麼想。

■ 過度樂觀，以為行情總有一天會站在自己這一邊

後來實際操作之後才知道，即使已經了解書上的內容，也明確的設定勝利的方法，等到實際坐到電腦前面看著交易畫面，我卻完全不知道該做甚麼，陷入了恐慌的狀態，我得強調「恐慌」這兩字，事實上，認識我的人都知道，我是個很大膽的人，生活中幾乎沒有什麼東西可以讓我用「恐慌」、「害怕」之類的形容詞，但對期貨投資初期，我的確常讓這樣很孬的字眼出現在我的腦中。

失敗檢討 以前操作期貨失敗的2個原因

這是錯的觀念！

完全沒看 技術、經濟指標

沒做市場分析只靠感覺，
雖然運氣好曾經賺過錢，
但是大部分都賠錢。

這是錯的觀念！

太過於 正面思考

以為只是帳面損失不算輸、
安慰自己贏的人曾經也是輸，
過度正面思考以致損失持續。

還是菜鳥時，有好幾次當我面對行情，腦中還在思考要怎麼因應時，一看行情向下衝就反射性的進場買進（因為覺得便宜，以為有利可圖），然後保證金的錢一下子就面臨被催繳的臨界點了。

為了不真的被催繳，我常嚇得馬上就結清。這種情況持續了一段時間，我「學乖了」，把保證金補得滿滿的，心想這樣子就不會被「嚇出場」了吧，做了這種改變後，我很滿意，因為之前賠的都賺回來了，雖然盤中也是嚇得手心冒汗（呵呵，這也就是我不想讓別人知道我是誰的原因，因為很丟臉⋯⋯），但獲利是最好的回報。

■ 賠掉千萬資金，身體、精神幾乎崩潰

可是，好景不常，沒過多久「滿滿的」保證金，還是變「空空的」。

但人是很頑梗的動物，經過那次因保證金很多而嚐到甜頭後，我開始陷入用感覺操作－－跟技術、經濟指標無關，完全用眼睛看。

圖表的話，就只參考5分鐘K線，但也只看K線的棒棒長不長，而且也不看移動平均線。

當年，我就是用這樣天真又沒有任何策略的操作方式，不知不覺，我的資產不斷的減少。

我的損失與壞運氣幾乎到了不可思議的地步，當時只要買了就跌，只要賣了就漲。這樣的情況讓我感覺十分疑惑，可是我還很樂觀的想著，連著名的投資著作中都寫著「不管是誰，一開始投資都會賠錢。」所以我還很阿Q的想著不要緊，看盤經驗愈多就會愈順手。

當時我每天都這樣安慰自己。

之後的情況演變成，不管我的操作績效如何、不管有沒有倉位在手，我都無法冷靜下來。

漸漸的不但我的身體受很大的損傷，例如眼睛昏花、疲倦，也很大的影響到我的精神狀態，夜裡完全無法睡覺、脾氣古怪⋯⋯。最後損失了大約一千萬。

到這個地步再堅定的人也不能再繼續下去。於是我退出期貨市場。

失敗檢討 初入門時錯誤的想法與做法

還是個初學者
當時的想法

➤

太天真

以為賺大錢的交易者一
開始也會輸，所以剛開始
投資損失是理所當然。

➤

失敗！！

以為認真看過幾本
書，照著書上的方
法做就會賺錢……

還是個初學者
當時的做法

➤

憑感覺

靠自己的感覺判斷價錢
高低，高的話就賣，低
的話就買。

➤

失敗！！

▶ 學習期

發明家愛迪生的故事激勵我，原來，失敗的另一種解讀是：你找到了「此路不通的方法」。像學生一樣，我從K線、型態開始學起。

連 身體、精神都搞壞了，在投資方面我吃了大敗，跌落谷底的我，是因為看了發明家愛迪生的傳記，才激勵我重新站起來。

■ 效法愛迪生，失敗的實驗成功的證明了：此路不通

愛迪生發明電燈前，據書上的記載，他歷經九千九百九十九次失敗，有人問他：「你是否還打算嘗試第一萬次失敗？」

愛迪生答道：「那不叫做失敗，我是因此發現那些方法做不出電燈來。」

那本傳記我看到這句話時突然間心裡有所感，跟愛迪生比較起來，若我想以期貨投資為職業，我根本沒有做什麼努力，另外，我的「方法」用錯了。

回想起來，我用在期貨上的學習是很粗糙的，因為行情變動太快，到最後幾乎都是憑感覺在做交易，我應該要自己努力研究，不斷的把細節研究得很清楚，並找出正確的方法交易。

於是，我開始重新到書店，把有關期貨、股票能買到的書都儘可能的買回家，不管內容是否有重覆，就一本一本的看，一字一字的研究。除了看書之外，我更熱衷於將股價圖印出來畫線。從書上看到趨勢線的畫法，為了充分理解，實際在圖表上畫之後卻不知道是不是正確。因為畫線的模式很多種，要找出有用的線卻很難。

為了找出有用的線，我持續畫線又擦掉，每天每天不知道重複做多少次。在一邊畫一邊擦一邊想的過程中，我才知道原來過去我是個多麼「混」的投資人啊。

持續在圖表上劃線的日子中，雖然還是沒有找到決定性的畫線法，但是我發現了其他的金礦－－也就是在某個特定的波動之後，行情就會上升，而這也將會成為重要的雙底。

所謂雙底就是表示價格底部的圖表模式。兩個谷形成之後，一突破頸線價格就很可能大幅上升。

我在圖表上畫線的時候，發現只要出現兩個谷，市場價格就經常會上升。那個時候我對於趨勢線的掌握還不夠，沒辦法參考趨勢線，但尋找雙底的方法十分簡單且清楚，只要用圖表的形狀判斷就好，而且容易了解。與其看無法捉摸的趨勢線，還不如看一目了然的雙底，有了自己這樣很得意的「大發現」之後，我一下子就被吸引回到市場了，於是開始只用看雙底的方式交易。

■　首度知道W底、M頭、三角盤整的大秘密

我從台灣50成份股、各式期貨商品的線圖中去尋找雙底，每天都可以找到。

我開始嘗試用這種方式交易，並且從很小很小的金額開始，這一招果然讓我的勝率很完美的提升了。因為這樣的成果讓我更進一步去確認圖表，找出相似形狀的雙頂來分析、驗證。雙頂跟雙底正好相反，是表示價格頂部的圖型模式。如果頸線破了就很可能價格會大幅下跌。

光以雙底、雙頂的圖形為主軸進行交易，就很順利的提升了績效。但是只看這兩個圖形，可以利用的機會還是太少。因此，為了朝向當一位既專業又獲利的投資人，我逐步的再增加勝利的方法。

第三個方法我學到利用三角突破。

三角型態就是當高價緩緩下跌的同時，低價慢慢上漲，變動的幅度逐漸縮小，變成一個多空短兵拉鋸的型態。形狀就像等邊三角形。

這種形狀的突破不一定是向上面或向下面，但只要突破的話就會有很大的價格變動。遇到這種三角的型態必須要畫趨勢線，而那個時候我已經會畫趨勢線了，所以沒問題。

■ 改進隨性進出的壞習慣，利用筆記讓交易「不二過」

對於技術分析高手聽我這樣說，可能會覺得「老兄，你也太好笑了，那不就是很基本的三個型態學嘛……？！」是啊，但光熟練用這三種型態，就可以讓我持續在交易中勝利。

畫出高低價的線，有時候是三角形，有時可以看到雙頂或雙底。用圖表的形狀來看很容易了解。

同時，我也不拘一定是做期貨還是現貨當沖，只要看到這三種形狀出現，而且走勢是我很有把握的就會進行交易。

另外在進場時機方面，我是用K線的收盤價為基準。如果很明顯的形成三角形狀的趨勢線，在突破的時候就是我的進場時機。

跟初學者時代最大的不同，就是我把所有交易都紀錄下來。勝敗、金額當然一定會記，還有就是為什麼進場、出場等等，我也會把相關訊息盡可能的記錄下來。

透過對交易做紀錄，我練習一定不在不知道原因的情況下做買進賣出，這在追究交易賠錢的原因時也很有用。

■ 以15分鐘線為主，並看兩種均線－－SMA、EMA

把交易內容紀錄下來成為期貨操作的經驗值，對自己的功力提升很有幫助，我也建議初學者一定要實際做看看。

再來是停損的部分。

配合市場狀況停損、停利點雖然不同，但有一個大概的基準。

例如因為三角突破往下時，就在形成三角形的上方線一點點的地方設停損線；相反的，趨勢線或是壓力線碰到移動平均線之前要設停利點，也是我走過初學者階段才漸漸明確的交易守則。

為了提升利益，就必須要做好停損才能辦到。還有，最近我也會把帳面利潤

的部分在適當的時機先獲利了結一半。剩下的一半等達到獲利目標再結算。

在選用K線上，雖然會因為不同的交易標的而採用不同的線，但基本上是以15分線搭配5分線跟1小時線的模式來使用。除了一般常用的簡單移動平均線 (SMA)之外，也常用平滑移動平均線 (EMA)。

擺脫初學 脫離「初學者」我所做的事之一 ────────┤

畫很多趨勢線，找出有用的線。
慢慢的就知道哪條線是有用的。

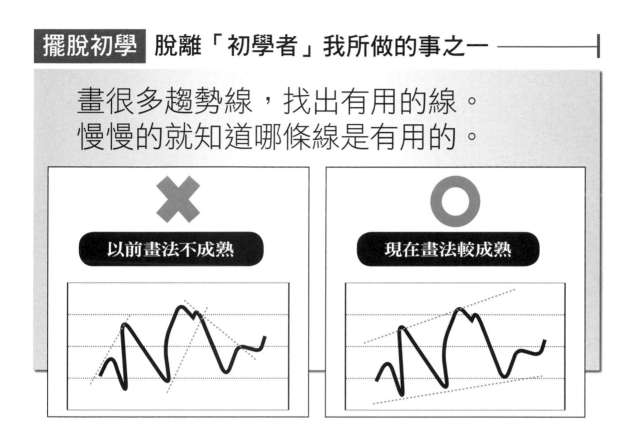

▶ 提升期

學習技術在精不在多。從最古典、最多人用的W底型態開始，我的操作進入了一個全新的境界！

我 使用的是雙底、雙頂、三角的圖形。首先針對雙底做說明。

■ W底，型態與範例

雙底因為長相像是W形狀所以又叫W底。W底是行情在持續下降趨勢的時候，於底部附近形成的圖型模式。

參考範例圖一可以看出，下降的波一度到達低價，之後反轉上漲，上漲一陣子後再回到剛剛的低價附近，之後如果再反轉上漲沿著相同的路徑就會形成W形狀，這就是雙底。

W底並不一定是水平的，有時候是橫向被擠壓、橫向拉伸擴大或變成斜斜的形狀等等。雖然W底的大小跟形成時間會略有不同，但是不管哪一種都是一樣的。W底出現時，買進訊號就在突破頸線的地方。所謂頸線就是曾經下跌反彈之後回到的地方，也就是在W中央山頂的相對水平線位置。這邊如果突破的話，就很有可能大幅上漲。

設定雙底的獲利目標時，要注意從形成W低價到頸線位置的價格幅度。跟這個幅度相同的幅度就是設定獲利出場的位置。停損設在做為支撐線的趨勢線位置。

以2011年10月21日的台指期(見範例圖一)為例，行情在10點30分後下跌，在11點30分之後突然價格開始大幅上升連拉兩根陽線，但在7220附近有幾分鐘搖擺不定，然後再次大幅下跌，之後又上漲，突破了剛才7220價格搖擺的地方，此

時，可以把第一次下跌之後反彈的頂點7220元視為頸線的價格。當行情再次下跌後再次上漲若突破7220元就是買進時機。

以本例W底的最低價大約7201元，到頸線為止的價格幅度是19點，故停利目標就是從頸線開始向上算19點的7239點。

像這樣，兩次打底之後突破頸線，很形成上升趨勢就是典型的雙底形態。

■ M頭，型態與範例

雙頂就是賣出訊號(見範例圖二)。

這邊的雙頂照字面就是圖表上形成兩座山的形狀，又稱為M頭。這是上升趨勢中在頂部附近形成的圖表模式。由範例圖二的示意圖可知，上升波碰到高價就下跌了。然後從那裏再次回到剛剛的高價附近，之後又反轉下跌成為M的形狀。

同樣的雙頂也有各種型態。

出現雙頂的賣出訊號是跌破頸線的時候。這時候的頸線是M頭中央的谷底開始拉出水平輔助線。如果跌破這條水平線就很可能會大幅下跌。

獲利目標是形成雙頂的高價到頸線的幅度。如果高價到頸線的幅度是30點，就從頸線開始往下設30點為獲利目標。

範例圖二是2011年10月19日台指期5分鐘K線圖，早上開始價格持續上漲，到了10點45分下跌，但之後又上漲到7353，隨後又開始下跌，這時候成為頸線的7346被跌破，在這裡就應賣出。這邊的高價是7353點，到頸線的幅度是7點。獲利點就是從頸線到7點之下的7339。行情在跌破頸線之後下跌加速，一下子就到達獲利目標所以就出場。

■ 三角型態，型態與範例

三角型態就像圖三中高價的連線與低價的連線形成三角形，且不管高價、低價都向中間收斂，這種圖形稱為三角型態。

行情波動逐漸變小，向中間收斂在上下兩條線交叉為止，市場上的能量會不

斷累積。在價格看漲跟看跌的力量平衡之下，價格幅度變窄的部分有可能接下來多空雙方向的交易會變得活絡，只要有一方被突破，儲存的能量就會強力暴發出來。

三角型態因為原本沒什麼趨勢，故也沒辦法預估哪邊會被突破。所以當趨勢出來，許多人會順勢從後面追趕。

我的交易時機是等它突破壓力線或支撐線之後，如果要買進，K線要在趨勢線上；如果要賣出，K線要在趨勢線下，當確定了之後我才會進場。並且在突破後沿著K線畫趨勢線，當此趨勢線被突破後就停利。

停損則在以下狀況進行－－賣的時候在三角型態的支撐線下一點；買的時候在壓力線上面一點的位置。

範例圖三是2011年11月8日台指期5分K線，用實際圖表說明三角型態到突破壓力線的變化－－當高點連接的線跟低點連接的線逐漸接近，朝向右邊形成一個較細的等邊三角形。在接近13點左右，三角型態向上突破，之後在三角型態的壓力線之後買進。突破壓力線後連續拉出2根長陽線急劇上漲。

當行情果然朝自己預估的方向前進時，出場機會可以利用趨勢線。以連續出現的陽線為基準畫出趨勢線，當跌破此趨勢線時就可以出場。範例圖三急漲之後在13點05分就出現跌破趨勢線的陰線，所以在這邊出場。

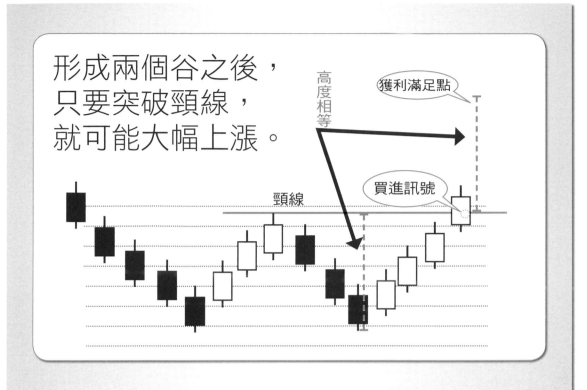

形成兩個谷之後，
只要突破頸線，
就可能大幅上漲。

高度相等

獲利滿足點

買進訊號

頸線

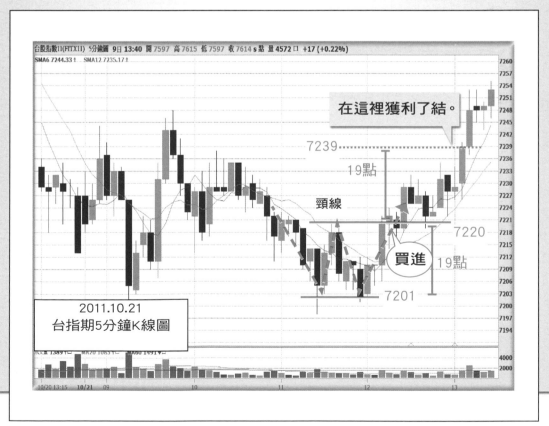

在這裡獲利了結。

頸線

買進

2011.10.21
台指期5分鐘K線圖

範例圖二　M頭解說與範例

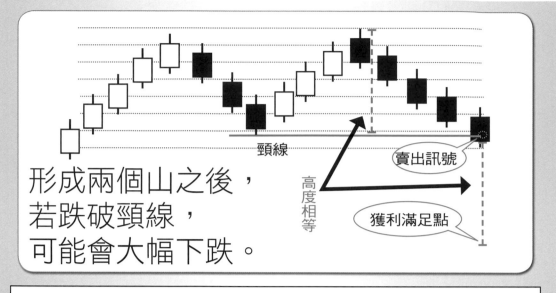

形成兩個山之後，
若跌破頸線，
可能會大幅下跌。

高度相等

賣出訊號

獲利滿足點

2011.10.19
台指期5分鐘K線圖

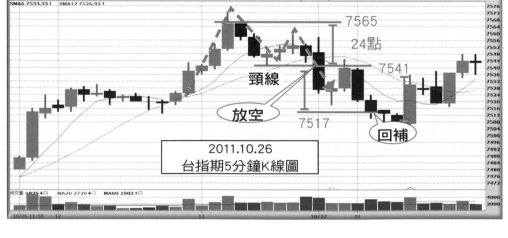

2011.10.26
台指期5分鐘K線圖

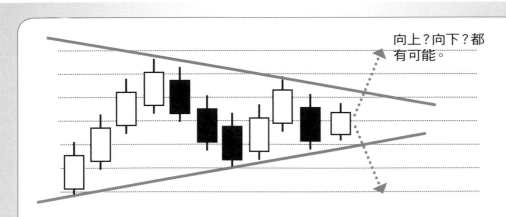

向上？向下？都有可能。

高價往下切、
低價往上切就形成三角形。
當兩條線接近的時候，
很可能在上或下有很大的突破。

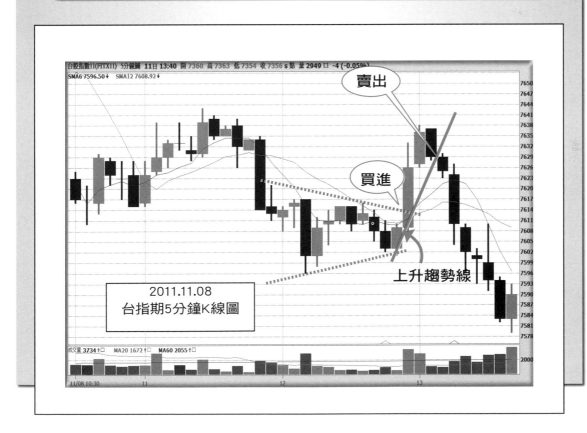

2011.11.08
台指期5分鐘K線圖

賣出

買進

上升趨勢線

▶ 成熟期

小馬善長「放空」，他說，要捉住人們何時樂觀積極很難，
但要看穿人們何時出現恐懼比較容易！

重回期貨市場，我已經很明白停損的重要性，正因為如此，對於停損必須要有明確的規則，並且確實遵守。對我而言，這個規則就是不讓損失擴大。同時也要注意，不進行沒有根據的交易。

我常在網路上看到有人說「盤感」，也許有人真的可以依賴「感覺」交易，但對我而言，這是很不可思議的事。我總認為行情走勢必需配合自己的交易規則的時候才出手，也就是，有根據的進場才是持續獲勝的秘訣。沒有任何根據就進場的話，也會不知道何時該停損、停利，很容易錯過出場的時機。

另外，即使輸了也不要變更操作手法。輸了1次、2次就改變操作手法的話未免操之過急。如果是有根據的操作手法，應該質疑的是自己的分析方式有沒有問題，而不是馬上就質疑操作手法正確與否。這時候必須要確認自己的分析方式正不正確，有沒有適當的分析。當這些動作都完成後，如果還是持續的失敗，那時候再來檢討操作手法也不遲。

■ 別過度相信新聞，資訊愈單純愈好

還要提供給初學者的建議是：資訊越單純越好。

我會這麼主張是因為初學者很容易被各種資訊迷惑。

我自己還是初學者時，也因為參考了所謂專家的資訊而造成損失。從那之後，我就盡量縮小獲取資訊的範圍，並且對於資訊並不全盤接收，而是適度作為參考，同時也在圖表上驗證，作為資料可信度的判斷。只選擇對自己來說「可靠的資訊」是很重要的。

成為專業投資人之後，我把每天的交易當作是自己的工作。當持續作期貨時，容易就陷入一種錯覺，感覺每天在電腦畫面上作數字交換。所以這時候更要多多學習，並且把所學實際操作驗證，當成重要的學習成果。並且，如果在交易中發生了大的損失，心情低落的時候，只要想到家人就會振作起來。

　　為了養家我作為專業投資人必須要不斷成長，所以我也會努力精進自己的操作手法。

　　如果說到初學者應該注意的地方，那就是不要靠感覺買賣與做好停損。

　　之前也提過，自己就是因為沒有作好這兩點而失敗，所以特別提醒初學者要注意。

　　靠感覺交易，簡單的說就是什麼都沒有學習。

　　為了獲利，必須要認真的面對市場，找出自己的交易規則跟停損規則。就像我曾經歷過的一樣，初學者的面前是一面巨大的牆，如何越過它就必須要學習。而且我最近發現有許多初學者有種傾向，就是不管價格往上或往下都很單純的追著跑。結果就是：高價買，結果價格下跌；或是低價時賣，最後漲上來，然後就造成損失。

■ 放空比做多容易

　　我的成長過程有很大一段時間在國外，常上外國投資網站跟朋友們分享操作心得，讓我比較印象深的是，外國朋友覺得好像亞洲人都「不擅長放空」，一開始我沒有很明顯的感覺，後來也覺得國人的確比較習慣做多，不管期貨或現貨都一樣，甚至有人會用道德來看待放空這一件事，這對外國人來說是很不可思議的事情，我個人則認為，價格上漲速度通常慢慢的，但若情勢不好，投資人沒有信心，行情要跌是非常快速的，所以，若能捉住放空時機，只要「逮」對了，非常好做。

　　在期貨公司，有很多人常問我這個問題，因為他們都覺得我「放空」很厲害。事實上，我也很難講出一套邏輯來，我只能說，台股的行情有個特色，就是

很容易緊緊的跟在歐美之後，但因為台股與美股兩者之間有個交易的時間差，所以，我只要判斷就整體局勢來講，台股這個時候應該有機會「很恐慌」，那麼，操作方向就以「放空」為主。如此，通常可以有很高的勝率捉到放空的機會。

在這一點上，期貨與選擇權就比股票好做多了，一來是放空沒有限制，二來，習慣了台股與國際股市的「節奏」，在資訊上就有優勢，外加我之前提到一個很簡單的看盤型態，比方說，M頭與W底，如此加以印證自己在資訊上的解譯，那麼，就可以輕鬆的放空了。

當然，這是個人的操作經驗，也許有人認為，人類的眼睛還是習慣往上看，所以只做多。

還有就是，期貨失敗的人有個共同特徵－－進場次數異常的多。

特別是初學者更容易有這種狀況，只看一個圖表不管上漲下跌都想抱著單。例如，我現在的營業員，據他自己告訴我，在他還沒有進入這行之前，自己也很熱衷期貨，一天平均交易30趟！

哇！這對來說來是很不能想像的。因為那麼短的交易且又頻繁的交易，手續費必然很多，情緒也不容易穩定吧。

為了不犯這樣的錯誤，應該把進場機會減少。在進場之前好好分析，從中找出自己認為好的機會再進場。

初學者一開始應該用比較少的單量來提高勝率。我如果對自己的分析結果沒有信心，就會先觀察看看，有時候甚至一週的時間都在持續觀察。因為那些持續勝利的人，都會為自己設定嚴格的交易規則。我最喜歡的一句話是「努力不會白費」。當我重新學習、埋頭在各種資料時，支撐我持續下去的就是這句話

勝利的人每個人都是經過不斷的努力，而付出的一定會有回報。即使因為自己的分析而導致失敗，那也是作為經驗值使自己進步。

相反的，老是問別人「會漲吧?」的人是永遠不會進步的。

即使現在我已經成為專業投資人，但仍然會閱讀相關書籍，將獲得的資訊作為自己的經驗值不斷累積。

投資智典系列

股票獲利智典①
技術面篇
定價：199元

作者：方天龍

股票獲利智典④
5分鐘K線篇
定價：199元

作者：新米太郎

股票獲利智典②
股價圖篇
定價：199元

作者：新米太郎

股票獲利智典⑤
期貨當沖篇
定價：199元

作者：新米太郎

股票獲利智典③
1日內交易篇
定價：199元

作者：新米太郎

股票獲利智典⑥
超短線篇
定價：249元

作者：新米太郎

「XQ全球贏家」華人投資決策支援系統
台、港、中、美、日、韓 財經動態，一次命中

蒐集整理分析資料的方法，是決定輸贏的關鍵，透過專業即時的財經資料庫與彈性的個人化介面，XQ全球贏家，整合國際股匯市訊息，以全球華人觀點，宏觀整合研判產業趨勢，掌握細微資料佐證，站在最佳的視野贏得先機！

跨國跨商品看盤畫面，
準確深入的投資思維。

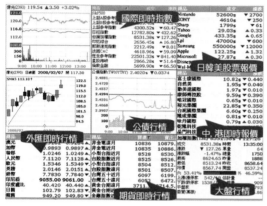

多國股市歷史新聞資料庫，
配合技術線型深度研究。

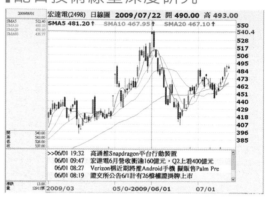

296種台港中細產業指標，
整合研判盤中主流輪動。

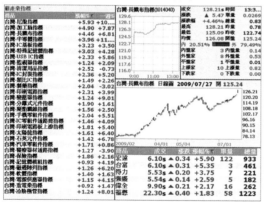

即時選股條件最強大，
即時掌握個股動態。

透視個股上下游營運結構，
掌握獲利風向球。

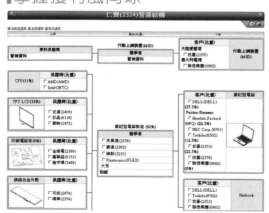

解構國際產業上下游，細分跨國訂單流向，獨家產業研究資料庫。

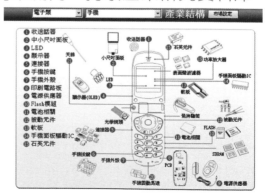

「XQ全球贏家」華人投資決策支援系統
台、港、中、美、日、韓 財經動態，一次命中

產品試用傳真回函（活動至101年12月31日截止）

親愛的讀者您好！

感謝您對本書的支持與愛護！如果您想要到本書附錄介紹之詳細股市資訊、最新數據、及專業投資人使用之操作軟體來查閱您所關心的個股資料，只要填妥下方回函，傳真至(02)2910-5858，我們將致贈您價值10,000元的產品「XQ全球贏家」一個月，趕快來體驗史上最強大的投資決策支援系統！

XQ全球贏家功能鑑賞

- 最即時精準完整的報價資訊
  - ・最即時精準報價
  - ・提供台中港所有即時金融資訊
  - ・提供SIMEX、日韓美及全球金融資訊
- 最深入完整的盤後及產業資料庫
  - ・提供深入的產業分析及商品原物料行情
  - ・完整的國內外基金資料庫
- XQ全球贏家對所有資訊提供完美的整合
- 整合台、港、中金融產業資訊，比別人掌握更多的致勝資訊。
- 用最短的時間，掌握影響股市的所有即時金融資訊。
- 節省大量閱讀報紙、雜誌、積極參加說明會、股友社、找明牌等等方式的寶貴時間 ，所有的資訊、分析、整理結果立刻取得。

更多超強功能盡在XQ全球(http://www.xq.com.tw)

申請者基本資料（活動至100年12月31日截止，恆兆出版）

姓名：＿＿＿＿＿＿＿＿＿＿

連絡電話：(O)＿＿＿＿＿＿＿ (H)＿＿＿＿＿＿＿ (M)＿＿＿＿＿＿＿

傳真：＿＿＿＿＿＿＿

電子郵件：＿＿＿＿＿＿＿＿＿＿＿＿＿＿＿＿＿＿＿＿＿＿＿＿＿＿＿

若總公司舉辦「XQ全球贏家」產品說明會，□願意 □不願意 收到相關資訊

請回傳至：(02)29105858，產品相關咨詢請洽0800-006-098 行銷部 黃詔鉛

以上由 SysJust 嘉實資訊股份有限公司 提供
www.SysJust.com.tw

・國家圖書館出版品預行編目資料

非贏不可：6個投資逆轉勝的故事 / 恆兆文化編輯部撰文.

-- 臺北市：　　　　　　　　　　恆兆文化，2012.04

176面； 21公分×28公分　　　（股票超入門；13）

ISBN 978-986-6489-33-4　（平裝）

1.股票投資　2.個案研究

563.53　　　　　　　　　　　　　　　101004721

股票超入門 **13** 非贏不可：6個投資逆轉勝的故事

出 版 所	恆兆文化有限公司
	Heng Zhao Culture Co.LTD
	www.book2000.com.tw
發 行 人	張正
作 者	恆兆文化編輯部
封 面 設 計	尼多王
責 任 編 輯	文喜
插 畫	韋懿容
電 話	＋886-2-27369882
傳 真	＋886-2-27338407
地 址	台北市吳興街118巷25弄2號2樓
	110,2F,NO.2,ALLEY.25,LANE.118,WuXing St.,
	XinYi District,Taipei,R.O.China
出 版 日 期	2012/04初版
I S B N	978-986-6489-33-4(平裝)
劃 撥 帳 號	19329140　戶名　恆兆文化有限公司
定 價	399元
總 經 銷	聯合發行股份有限公司　電話　02-29178022

特別銘謝：
本書採用之技術線圖與資料查詢畫面提供：
嘉實資訊股份有限公司

XQ 全球贏家
華人投資決策系統

網址：http://www.xq.com.tw